조약돌의 세상

조약돌의 세상

현정희 수필집

수필과비평사

작가의 말

인생길에서 주운 보석들을
여러 모양의 수필 옷으로 입혀 보았습니다.
꽃처럼, 별처럼, 진주처럼
소중한 나의 인연입니다.
조약돌에 수필 향을 실어 바다로 보냅니다.
잔잔한 물결을 타고 멀리 흐르길 소망합니다.

새로운 세계로 들어가는 문을
제게도 열어 주셨습니다.
그 열쇠는 기도와 명상, 글쓰기입니다.
내 주위를 둘러싸고 있는 광휘
빛의 세계가 펼쳐집니다.

새로운 세상에 디딤돌을 올려놓는 심정으로
첫 수필집을 펴내며 다시 발걸음을 재촉합니다.
갈 길을 인도해 주신 교수님, 고맙습니다.
저를 보살펴 주신 모든 인연과 책이 나올 수 있도록
도와 주신 모든 분께 감사드립니다.

2017년 시월에

자선姿琁 현정희

■ 축하의 글

수필로 치유하는 삶

안성수(문학평론가 · 제주대 명예교수)

현정희 수필가의 첫 작품집 출간에 박수를 보낸다.

첫 수필집은 흔히 두 가지 관점에서 의미를 갖는다. 첫째는 작가가 문단에 이름을 올린 뒤 독자에게 보내는 첫 번째 약속이란 점이다. 이 약속은 앞으로 진정한 작가로서의 길을 가기 위해 성실하게 창작에 임하겠다는 다짐이다. 둘째는 그동안 발표했던 작품들을 모아 작가로서의 꿈과 비전을 내보이는 일이다.

그러나 이 첫 수필집의 보다 중요한 의미는 다른 데 있다. 그것은 작가가 이 작품들을 쓰면서 정체불명의 육체적, 정신적 고통을 물리치는 치유 효과를 얻었다는 사실이다. 이로써, 수필 쓰기는 자신의 인생을 심미 철학적으로 깊이 있게 성찰하고 재현하는 과정에서 정신적, 영적 치유의 기회를 제공한다는 논리가 입증된 셈이다. 따라서 이 작품집은 그 문학적 성과를 따지기에 앞서 흥미로운 수필 치유의 의미와 과정을 되짚어보게 한다.

인생을 사는 방법에는 크게 두 가지가 있다. 하나는 과거완료형으로 사는 길이요, 다른 하나는 현재진행형으로 사는 길이다. 과거완료형은 자기가 겪은 삶을 깊은 성찰 없이 무심히 흘려보내는 방식이며, 현재진행형은 그 운명적인 삶을 다시 '지금, 여기'에 불러내어 반추하며 사는 길이다. 전자는 모든 삶을 한 번 살고 망각하는 것이라면, 후자는 그 일회적인 삶을 심오하게 통찰하여 현재의 에너지로 쓰는 재귀적인 삶이다. 전자는 과거지향의 삶이라면, 후자는 자신의 과거에 통찰의 렌즈를 비춰보는 철학적이고 심미적인 삶이다.

수필가는 본성적으로 인생에 대한 철학적 성찰 결과를 심미적 울림으로 들려준다. 그것은 자기 인생을 깊이 있게 탐미하며 사는 길인 동시에, 자신의 삶을 감성과 이성, 영성의 렌즈에 투과시켜 그 진실과 본질을 터득하며 사는 길이다. 그래서 수필가의 글쓰기는 치열한 수행자의 삶과 크게 다르지 않다. 글쓰기로서의 수행은 소재의 진실에 대한 철학적 통찰과 심미적 표상이라는 이중의 체험과정을 거친다.

바로 이런 특별한 체험과정에서 수필 쓰기는 그 본질과 특성을 드러낸다. 예컨대, 일반 수행자는 우주 본질에 이르는 각성과정을 직접 체득하고자 한다. 이에 비해, 수필가는 체험의 본질 각성과 표현이라는 두 단계의 보다 복잡한 이중의 수행과정을 밟는다. 첫 단계는 자신의 삶(소재)을 진정성(Authenticity) 속에 끌어들이고 몰입 통찰하여 소재의 본질과 진실에 이르는 과정이다. 다음 단계에서는 그러한 깨달음의 체험 결과를 다시 문학적으로 재구再構하여 언어로 형상화하는 재체험 과정을 거친다.

이러한 사실은 진정한 수필 쓰기가 깊은 철학적인 사유 과정과 절묘한 언어적 형상화라는 심미적 통로를 거치면서 이루어지는 예술 행위임을 뜻한다.

전자가 소재에 대한 철학적 인식 과정이라면, 후자는 수필가가 그것을 예술적 담론으로 전환하여 통합하는 과정이다. 수필 창작에서 필연적으로 요구되는 소재 통찰과 미적 형상화라는 이 두 과정은 언어로 시작하여 언어를 버렸다가, 다시 혼魂의 언어에 실어 들려줘야 하는 비방秘方을 요구한다. 예컨대, 수필작가가 갈망하는 혼의 언어는 언어의 일상적 의미를 뛰어넘는, 이른바 언어도단의 저편에서 들려오는 우주적 울림 같은 것이다.

그러므로 좋은 수필가는 본시 영혼으로 사는 작가라고 말할 수 있다. 영혼으로 소재를 관조하면서 자연과도 통하고 우주와도 통하는 심오한 깨달음의 세계를 오간다. 이런 격조 높은 작가가 되기 위해서는 수많은 습작과 자신의 삶에 대한 치밀한 성찰을 거듭해야만 한다. 더욱이 영혼으로 쓰는 작가는 영원과도 통하는 참 자유나 참 진실의 세계에 이입함으로써 놀라운 영적 치유의 힘을 경험한다.

그런 점에서 수필가는 다른 장르의 작가에 비해 선택받은 자라고 할 만하다. 수필가에게 주어지는 이런 치유 효과는 그의 작품이 허구가 아닌 자신이 경험한 실제 세계에서 가져온 진짜 삶을 소재로 한다는 점에서 가능한 일이다. 글을 쓰는 동안 작가는 자기가 경험했던 과거의 삶에 몰입하여 소재와 하나 되는 감정이입과 합일체험을 시도한다. 소재와 하나 되는 과정에서 작가는 소재의 본질과 만나는 절정체험(Peak Experience)의 기회를 누린다. 작가는 그 신비로운 우주의식 속에서 진정한 용서와 포용, 믿음과 사랑의 원형을 회복한다. 그래서 수필가는 작품을 세상에 내놓을 때마다 그만큼 풍성해지고 깊어지는 성숙의 시간을 맞는다.

따라서 속 깊은 수필가의 길은 순결하고 격조 높은 깨달음의 여정이다. 이런 수필은 붓 가는 대로 쓰는 것이 아니라, 내 안의 참나를 찾아가는 험난한 여정 속에서 태어난다. 진정한 수필은 소재의 본질 세계까지 뚫고 들어가서 거기서 들리는 깨달음의 소리를 예술적 울림으로 들려주는 문학이다. 그러므로 수필가는 세속에 발을 들여놓고 살되, 세속적인 삶으로부터 끊임없이 진리를 향한 초탈을 꿈꾸는 순결한 수행자가 된다. 그 행복한 울림을 통해서 작가와 독자는 비로소 하나가 된다.

이제, 독자들은 이 작가가 소재와 벌이는 정신적, 영적 커뮤니케이션 방법에 주목하기를 바란다. 그 과정과 방법 속에 수필 치유의 내력이 숨어있을 것이다. 좋은 작품은 작가의 열렬한 장인정신이 만들어 내는 작가의 분신이다. 나는 평소 이 작가가 보여준 성실성과 수필을 향한 뜨거운 열정을 높이 평가한다. 좋은 글감을 찾기 위해 자주 여행을 떠나는 것도 보기에 좋고, 부지런하게 습작을 하는 모습도 이 작가의 타고난 미덕이다.

부디, 이 첫 작품집이 수필가 현정희의 앞날에 큰 디딤돌이 되기를 바란다. 더 넓고 깊은 수필세계로 작가를 이끄는 거울과 등불이 되기를 기원한다. 그리고 용기 있게 전인미답의 문학세계를 향해 뚜벅뚜벅 걸어나가기를 당부한다. 그런 꿈과 치열한 작가 정신이 이 작가의 앞날에 광활한 미래를 열어 주리라 믿는다.

차례

제2부 우체통을 보면

제3부 두물머리

제4부 해바라기 씨앗

제1부

조약돌의 사상

북소리

쿵쿵 쿵더쿵!

어느 날 해 질 무렵, 고즈넉한 산사에서 들려오는 북소리를 따라 걸어가 보았다. 범종루에는 잿빛 장삼에 붉은 가사를 두른 스님이 북채를 들고 법고를 울린다.

쿵쿵 쿵더쿵!

둥그런 법고 소리가 고요한 산사에 울려 퍼진다. 예불 시간을 알리는 신호다. 법음을 전하는 웅장한 북소리가 심금을 울린다.

신명나게 북을 치고 난 스님은 어디에서 왔느냐고 묻는다. 마침 스님의 고향도 제주여서 더욱 반갑게 맞아준다. 갈 길이 바쁜 나는 북소리를 남겨두고 절문을 나섰지만, 그때 법고의 울림은 아직도 내 기억에 생생히 남아있어 나를 일깨운다.

지친 영혼이여, 헛길을 가지 말고 이젠 평정심을 찾아 달빛이 비치는 오솔길을 가보게. 쿵쿵 쿵더쿵! 내 영혼에 쌓인 세속의 먼지를 털어내 주고 아픔을 보듬어 주는 북소리. 잠시 북소리에 빠져든 삼매의 순간이었지만 영원으로 이어질 것만 같았다.

가끔 무아의 경지에서 들려오는 북소리를 듣는다. 잃어버린 나를 찾으라는 북소리이다. 고요한 시간에 눈을 감고 아득히 먼 곳에서 들려오는 북소리를 마음으로 듣고 있노라면 내 영혼을 신비의 세계로 인도해준다.

범종梵鐘이 지옥에서 고통을 받는 중생을 구원하기 위한 법구라면, 법고法鼓는 축생과 어리석은 중생을 구원하기 위한 법구이다. 운판雲版은 날아다니는 짐승을 구원하기 위한 법구이고, 목어木魚는 물속의 어류를 구원하기 위한 법구라고 한다.

나는 산사의 새벽예불 시간에 불교방송을 통해 여승이 울리는 법고 소리와 범종 소리를 들으며 하루를 시작한다. 북소리는 여리고 예민한 나에게, "소리에 놀라지 않는 사자처럼……." 주변의 작은 소리에 흔들리지 말고 초월한 영혼으로 살아가라는 경전을 들려준다. 여명이 밝아오자 내 주위를 둘러싸고 있는 충만한 기운을 호흡한다. 새로운 세상이 열린다.

세상은 소리의 집합체이다. 시골에서 자란 나는 자연의 소리를 좋아한다. 도시의 번잡한 소리는 내 영혼을 지치고 무기력하게 만든다. 이젠 세상의 거친 소음이 들려와도 듣고 싶은 소리만 골라 들을 수 있는 여유가 생겼다. 새소리, 바람 소리, 파도 소리, 독경 소리, 북소리……. 청정한 소리를 마음에 담는다.

내 곁에서 사라져버린 아름다운 소리가 그립다. 교회 종소리, 소쩍새 소리, 뻐꾸기 소리, 정다운 사람들의 목소리…….

러시아 가수 이시오프 코브존이나 이탈리아 맹인 가수 안드레아 보첼리의 노래를 듣고 있노라면, 호소력 있고 정감 있는 목소리에 전율하게 된다. 신의 사랑이 담겨 있지 싶다. 아름다운 소리는 내 몸의 12경락을 따라 흐르면서 365혈을 자극하여 막힌 혈을 치유하고 청정한 육신을 가꾼다. 내 몸은 신이 사는 성전이다. 청정한 육근六根에선 하얀 연꽃이 피어나 은은한 향기를 발산하리라.

'삶과 죽음도 하나요, 선과 악도 하나요, 칭찬과 비난도 하나요, 남과 나도 하나이다. 영원한 시간은 처음도 끝도 없이 조용히 흘러가고 있으니, 날마다 좋은 날이 열린다.'고 북소리는 들려준다.

요즘은 따뜻한 기운을 즐기며 저녁마다 동네를 산책하고 있다. 작은딸이 스마트폰에 만보기를 다운받아 주면서 격려해 준다. 즐거운 일이 아니면 작심삼일을 넘기지 못하는 나인데, 자연의 소리를 들으면서 인연의 끈에 감사하며 걷는다.

택지개발을 끝낸 아라동은 이젠 안정을 찾아가고 있다. 새로운 길이 생겼고 하천도 잘 정비되어 비가 많이 와도 걱정이 없다. 하지만 개구리 소리가 들리지 않아 아쉽다. 앞마당에 놀러 온 개구리도 있었는데…….

대문을 열고 나가면 한라산의 장엄한 풍경을 바라보며 맑은 공기를 호흡할 수 있는 것만으로도 청복清福이지 싶다. 시시각각으로 변하는 한라산의 표정을 살피는 것도 흥미롭다. 밝은 표정을 짓기도 하고, 흰 구름을 두르고 봉우리만 보여주기도 한다. 불립문자不立文字이다. 나는 아둔해서 자연이 전하는 메시지를 읽어낼 수 없지만, 날마다 기적을 보여주는 풍광이 경이롭다.

무한한 허공을 바라보면서 걷노라면 가슴이 뻥 뚫린다. 하늘도 석양에 곱게 물들어 간다. 나뭇가지에서 지저귀던 새들도 조용하다. 잠시 멍해 있다가 은총임을 알게 된다.

어디선가 바람에 실려 온 북소리가 허공에 잔물결을 일으킨다. 북소리는 내 안에서 우렁차게 울리기도 하고 잔잔한 교향악처럼 들려오기도 한다.

쿵쿵 쿵더쿵…….

제주휘파람새

하얀 목련이 피어나고 새들이 전하는 봄사랑이 온 천지에 가득한 아침이다. 앞마당에 새들이 찾아와 지저귀는 소리가 청아하다. 창문을 열고 새소리를 집안으로 들여놓는다. 새들의 방문에 조용한 집이 왁자지껄하다.

흘러가는 흰 구름도 새소리를 들으려고 흐름을 잠시 멈추고 서 있는 듯하다. 참새, 까치, 꿩, 제주휘파람새들이 날아와 지저귀며 우두커니 서 있는 나무들을 흔들어 놓고 간다. 새들이 놀다 간 자리에는 바람만 휑뎅그렁하다.

아침마다 제주휘파람새가 우리 집 울타리의 야자수 나뭇가지에 앉아 '호오~호오옷~호오옷케꼬~~…….' 환상적인 노래로 누군가를 애타게 부르고 있는 듯하다.

제주휘파람새는 유달리 알파음과 베타음을 섞어 다양한 소리를 만들어 낸다고 한다. 휘파람새 소리에 이끌려 나도 모르게 현관문을 열고 마당에 나가 두리번거린다. 숲속의 새가 무슨 소식을 전하려고 여기까지 날아왔을까. 어렸을 적에도 뒷산에서 들려오는 휘파람새 소리에 먼 하늘만 올려다보곤 했었다.

한참 동안 귀를 기울여 본다. 이쪽에서 휘파람을 불면 저쪽에서 다른 휘파람새가 화답한다. 자식의 삶이 궁금하여 부모님이 새로 환생이라도 한 것일까.

지난 정해丁亥년 정월에 시어머니는 생활의 짐을

훌훌 털고 우리 집에 오셨다. 그동안 쓰던 살림살이는 모두 버리고 옷장 하나와 옷가지 몇 벌만 챙겨서 모셔왔다. 시어머니는 열아홉 살에 시집와서 팔십여 평생을 살아온 정든 시골집을 떠나며 자꾸 뒤를 돌아다보곤 하셨다. 칠 남매를 키워 출가시키며 애면글면 살아온 흔적을 남겨두고 배시시 웃으며 오셨다. 어머니의 굵은 손마디에는 흙냄새가 듬뿍 배어있었다.

주름진 얼굴에는 세월의 무게가 얹혀있고 어머니 삶의 희로애락을 읽을 수 있었다. 어머니는 치매를 앓고 있었다. 천진스러운 표정을 짓는 모습을 보며 무정한 세월 앞에 연민의 정이 솟구쳤다.

치매에 걸리면 '당신은 천국이지만 가족들은 지옥'이라는 말도 있듯이 어머니는 생애의 모습들을 날마다 지워갔다.

"어머니, 올해 연세는 몇인지 아세요?"

"몰라. 그거 무언지 몰라."

"어머니, 양말을 몇 켤레나 신으셨는지 아세요?"

"몰라, 몰라." 하면서 다섯 켤레를 껴 신으신다. 다행히도 어머니는 며느리인 나와 당신의 아들은 기억하려고 애쓰셨다.

청명清明인 오늘 아침도 제주휘파람새 소리가 가슴을 파고든다. 남편과 함께 서귀포 앞바다 풍경이 시원스레 보이는 부모님의 산소로 달려갔다. 떡과 과일과 술을 올리며 인사를 드렸다.

무덤에 돋아난 쑥과 엉겅퀴를 뽑아내는데 훈풍이 스쳐 갔다. 싸늘한 곳에 누워 계시지만 어머니의 체온은 햇살이 되어 대지를 부드럽게 어루만져 주고 있었다. 밝은 햇살 아래 산들바람이 불어와 다정한 말을 전하는 것만 같다.

하늘 아래 가장 편안한 곳, 육신은 이곳에 묻혀있고 영혼은 본향으로 돌아가셨으나, 모습은 눈에 선하다. 숲속에서는 휘파람새가 숲의 정적을 깨뜨리고, 내 영혼은 그 소리의 울림 속으로 깊이 빠져든다.

한평생 모진 풍상을 잘 견뎌온 노송 같은 어머니. 아직도 어머님이 앉아계셨던 빈자리마다 어머님의 체취가 느껴지고 웃는 얼굴이 아른거린다.

"며느리야, 강해야 산다. 마음을 강하게 가져야 한다."

나를 볼 때마다 들려주셨던 어머니 말씀이 요즘 들어 더욱 생생하게 들려온다.

어머니의 영혼이 휘파람새가 되어 좋은 소식이라도 전하러 온 것일까.

"어머니!" 허공을 향하여 나직이 불러본다. 적갈색의 휘파람새가 고운 소리로 화답이라도 하는 듯 다시 노래를 시작한다.

아침마다 봄뜰에 찾아오는 제주휘파람새는 알 수 없는 메시지를 담아 허공으로 멀리멀리 휘파람을 날리고 있다.

조약돌의 사상

조약돌 하나가 책상 위에서 숨 쉬고 있다. 태안에 있는 천리포수목원의 아침 산책길에서 만난 돌이다. 수목원의 숲길을 벗어나자 드넓은 백사장이 넓게 펼쳐져 있었다. 하얀 모래밭에 발자국을 남기며 상념에 빠져들 무렵, 백사장에는 수많은 돌이 파도에 몸을 맡긴 채 뒹굴고 있었다. 그때 조약돌 하나가 유독 눈에 들어왔다. 그것을 한참 동안 들여다보다가 숙소로 가져왔다.

나는 바닷가나 숲속 같은 곳에 갈 때마다 길가에 숨어있는 낯선 돌들을 살피는 버릇이 있다. 그러다가 마음에 드는 형상석이라도 발견되면 쪼그리고 앉아 그 모양이나 크기, 색깔들을 살피곤 한다. 생김새가 제각각이니 간직한 사연도 수없이 많을 듯해서이다.

그날 아침에도 귀중한 보물이라도 찾았다는 듯이 일행들에게 보여주면서 호들갑을 떨자 핀잔이 날아왔다.

"아직도 소녀인 줄 아나 봐? 꿈속에서 헤매고 있군!"

나는 아랑곳하지 않고 조약돌의 삶을 상상하기 시작했다. 대체 이 돌의 고향은 어디일까. 거센 파도에 시달린 흔적도 역력하였다. 수천 길, 수만 길 해저에서 왔는지 아득한 고산에서 왔는지 알 수 없었지만, 동글동글하게 깎여 있는 게 수억 년은 되지 싶었다. 게다가 연한 황토색의 이끼 옷을 입고 있는 것에 왠지 마음이 끌렸다. 손안에 쏙 들어와 안기는 느낌도 부드럽고 포근하였다.

커다란 바위에 폭풍이 몰아쳐 견디다 못해 여러 조각이 났을 것이다. 모난 돌이 숱한 세파에 시달리면서 둥글어졌으니 그 삶의 역사를 어찌 짐작이나 할 수 있을까. 돌을 손바닥에 올려놓고 살펴보려는데 갑자기 영겁永劫의 시간이 내 손에 들어와 앉는 느낌이 들자 두려움이 몰려왔다. 원시의 삽상한 바람과 검은 하늘을 가르는 천둥소리와 지구의 어디쯤에선가 들려오는 동물들의 낯선 포효도 되살아나는 듯했다.

오랫동안 이곳저곳을 떠돌며 고독한 시간의 강을 건너온 탓일까. 황토색이 감싸고 있는 돌의 표면 뒤로 후경처럼 착색된 이끼들을 안고 있는 모습이 짠하기만 했다. 그 오랜 침묵을 내색조차 하지 않고, 수억 년 동안 견뎌온 끈기와 침착성이 놀랍기만 했다.

금강 밑바닥을 따라 흐르고 흐르다가 서해바다 앞까지 왔을 것이다. 천리포해수욕장에서 조우한 조약돌은 나와 특별한 사이처럼 여겨졌다. 물결 따라 수억 년을 흐르고 흐르다가 문득 만난 것 같지만, 실은 무슨 필연적인 사연이 있어 만난 것만 같은 느낌이 들었다. 세상을 살면서 어느 것 하나 소중하지 않은 것이 있으랴마는 알 수 없는 힘에 끌려 서로 만나게 되는 것이야말로 특별한 만남이 아니던가.

그날 드넓은 천리포해수욕장을 거닐면서 만난 돌과 사물들이 수없이 많은데도, 유독 그 조약돌에 마음을 빼앗기다 숙소에까지 들고 온 것은 무슨 까닭인가. 만일 그 자리에 가지 않았더라면 그 돌이 지금 내 곁에 있을 리가 없지 않은가. 수억 년을 굴러온 저 돌과 지금 문학기행을 떠나온 나와의 관계는 무엇일까.

인생을 살면서 만난 수많은 사람 중에 내 마음을 사로잡거나 끄는 사람을 만나는 일은 쉽지 않았다. 그렇다면 이 세상에 사는 동안 만나는 모든 존재는 우연인가 필연인가. 그 답을 알 수는 없으나, 세상의 모든 만남은 그 만남 자체만으로도 필연이 아닐까. 우주의 한 계곡에서 만난 희귀한 만남이라는 깨달음이 조약돌에 대한 애정으로 번지기 시작했다.

조약돌은 내 책상 위에서 침묵으로 하루를 시작한

다. 그 침묵 명상은 제 본향으로 돌아가기 위해 수억 년 동안 지속해온 기도가 아닐까 싶다. 저 돌은 지금 영원으로 돌아가기 위해 몰입에 빠진 것은 아닐까. 영겁의 세월 동안 깎이고 깨이는 고통 속에서 거대한 육신을 남김없이 내어주어야만 다시 돌아갈 수 있는 곳, 그곳을 향해 조금씩 조금씩 나아가고 있는 자.

그렇다면 나는 지금 성자를 만나고 있는 것이 아닌가. 밤이나 낮이나 가부좌를 틀고 앉아 기도하는 이유를 알겠다. 그동안에 만났던 거친 풍랑들과 비바람의 기억들을 잊은 듯 돌은 편안한 표정으로 묵상에 잠겨 있다. 그 절정의 순간들을 깨지 않으려고 나도 조용히 일어나 무릎을 꿇고 그 곁에 앉는다.

수필도 내게 저 조약돌처럼 다가왔다. 내가 삶의 풍랑에서 헤어나려고 몸부림을 칠 때 말없이 다가와 친구가 되어주었다. 어쩌면 신이 주신 큰 은총인 듯하여 운명처럼 다가온 수필을 붙잡고 인생의 도반이 되기를 청하곤 했었다. 영원을 향한 조약돌의 사상이나 본향을 찾아가려는 내 꿈이 크게 다르지 않다는 생각을 하자, 조약돌은 우주에서 온 메신저가 아닌가 하는 생각도 들었다.

모진 세월을 견디고 제 고향을 찾아가다 만난 조약돌은 금강 반야 지혜를 지녔는지 여여부동한 모습으로 오늘도 책상에 앉아 참선에 빠져 있다. 어느새 마당의 대추나무 가지에는 붉은 열매가 주렁주렁 익어가고 있다. 저 대추 또한 오늘의 이 만남을 위하여 홀로 얼마나 많은 바람과 태풍과 무서리와 어두운 밤을 지새웠을까를 생각하니 눈을 뗄 수가 없다.

고요하고 청정한 아침이다. 어디선가 날아온 까치 한 마리, 마당가를 서성이는 나를 유심히 쳐다보고 있다.

물허벅에 이는 바람

뜨거운 햇살에 몸살을 앓던 여름이 가고 그리움이 묻어나는 가을이 왔다. 하늘에 피어오른 뭉게구름, 삿갓구름, 새털구름의 신비로운 풍경을 올려다본다. 구름이 되어 날아가고 싶어진다. 정원의 나무들도 가을 분위기에 젖어 사색을 즐기고 있다. 억새꽃이 어우러진 감나무 밑 바윗돌 위에 물허벅*이 호젓이 앉아있다. 마당에 들어서면 먼저 그곳에 눈길을 주

* 물허벅: 물이 귀했던 제주에서 물을 담았던 옹기.

게 된다.

내가 외출하였을 때도 물허벅은 가족을 기다리는 어머니처럼 집을 지켜주고 있다. 낮에는 참새와 까치가 날아와 친구가 되어주고, 밤이 되면 풀벌레 소리에 심심함을 달래다가 달빛과 별빛이 내려오면 그제야 편안한 표정으로 밤을 지새운다.

몇 해 전 친정집에 있는 물허벅에 시선을 주다가 동심의 추억을 오래 간직하고 싶어서 우리 집 앞마당에 가져왔다. 물허벅에서는 우물물을 담아 올리는 투박한 두레박 소리가 들리는 듯하다. 물허벅을 바라보고 있노라면 어느새 마음은 고향으로 달려간다.

어릴 적 내 고향에는 물이 참 귀했다. 바닷가에는 용천수가 솟아오르는 공동우물이 있었다. 빗물은 한라산 계곡을 지나 깊은 땅속을 흐르고 흘러 내려오다 해안가에 이르러 용천수가 되어 솟아난다. 마을 사람들은 식수로 사용하고 빨래도 했다. 어머니는 물구덕*에 허벅을 담아 등에 지고 물을 길러 다니셨다. 나도 어머니의 손을 잡고 따라나서면 우물

* 물구덕: 제주도의 여자들이 물을 긷기 위해 등에 지고 다녔던 물바구니.

가는 이미 동네 사람들이 모여 정담을 나누는 쉼터가 되어있었다.

키가 작은 내가 우물 안을 들여다보려면 발을 높이 추켜들어야 했다. 우물 속에 가득 찬 하늘, 웃는 내 얼굴, 파도 소리도 들렸다. 가뭄이 계속되어 우물물이 바짝 마르면 마을 사람들의 얼굴은 울상이 되어버렸다. 이제는 수도꼭지를 틀면 물이 쏟아져 나오니 물의 귀중함을 잊고 지낸 지 오래이다.

어느 날 고향에 들렀다가 우물이 있던 곳을 찾아가 보았지만, 흔적도 없었다. 상수도의 보급으로 우물을 사용하지 않게 되어 땅속에 묻혀버렸으나, 우물은 영원한 샘물이 되어 내 가슴속에서 흐르고 있다.

집으로 돌아와 물허벅을 두 손으로 들어 올려보았다. 비어있지만 무거워서 들어올릴 수 없었다. 여기에다 물을 가득 담았으니 얼마나 무거웠을까. 어머니는 그 물허벅을 등에 짊어지고서도 힘들다는 내색을 한마디도 하지 않으셨던 기억이 생생하다. 어머니의 힘든 발걸음 소리와 찰랑거리는 물소리만 들렸던 그 옛날의 시골길이 그려진다.

투박한 물허벅의 입에선 어머니의 젖 내음이 나는 듯하다. 등에는 물허벅을 짊어지고, 마음에는 네 자녀를 모두 안고 다녔을 나의 어머니. 애틋한 어머니의 심정을 이제야 알 것 같다. 물허벅에는 어머니의 거친 손자국과 고통의 세월이 묻어있다.

사남매를 키워 출가시킨 나의 어머니. 굵은 손마디와 주름진 얼굴을 뵈면 마음은 늘 예리한 억새 잎에 스윽 베이는 듯하다.

이제 팔순이 지났으니 고운 모습은 세월에 빼앗겨 버렸다. 서늘한 바람이 불어오는데 기력이 점점 쇠약해져 가는 모습에 시야가 흐려진다. 무명無明한 세월 앞에 내가 할 수 있는 일은 무엇일까. 필요한 것이 있느냐고 물어도 "괜찮다."고만 하신다.

어머니만큼 나를 포용해 주는 존재가 어디 또 있을까. 신은 이 세상에 어머니를 보내셔서 당신의 사랑을 나타내려 하신 것일까.

"정희야, 밑반찬 만들어 놓았으니 빈 통만 가지고 오너라."

전화 목소리에 오랜만에 고향 집으로 찾아가 보았

다. 어머니의 얼굴엔 그리움이 가득하였다.

식탁에 둘러앉아 담소를 나누며 아버지는 큰딸인 내 나이를 묻는다.

"58, 58인데 58이우다." 고개를 갸우뚱하신다.

"58년생, 58살인데 마침 5월 8일 어버이날이우다(입니다)."

한바탕 웃음소리에 유년의 기억들이 되살아난다. 가난했지만 마음만은 풍요롭고 행복했던 풍경들…….

어머니가 챙겨주신 밑반찬을 풀어보며 가슴 한구석이 시큰해진다. 앞마당의 물허벅에 나도 모르게 시선이 간다. 물허벅에 담긴 어머니 마음이 샘물이 되어 퐁퐁 솟아오르는 듯하다.

가을 햇살에 물허벅이 반짝인다. 까치 한 마리가 날아와 물허벅 위에 앉았다가 감나무 가지로 향한다. 마음은 벌써 홍시를 안고 어버이를 뵈러 고향으로 달려가고 있다.

우물

내 고향 절에는 깊은 우물이 있다. 어느 석가탄신일이었다. 많은 가족이 참석하여 연등 달고 기도드리는 봉축행사가 열리고 있었다. 스님의 염불 소리와 합창반의 노랫소리가 경내에 은은히 울려 퍼지고 아이들도 흥겨운지 신이 나서 뛰어놀았다.

어디선가 “살려주세요. 엉, 엉…….” 하는 아이의 울음소리가 희미하게 들려왔다. 소리를 따라 달려가 보니 붉은 벽돌 속의 우물 안에서 나오는 소리였다. 소년은 숨바꼭질하다가 널빤지를 밟는 순간, 아뿔싸! 우물 속으로 풍덩 빠지고 말았다. 널빤지 밑엔 깊은 우물이 있다는 사실을 몰랐으니 얼마나 놀랐을까.

주변에 있던 사람들이 모여들어 발만 동동 굴렀다. 깊은 우물 속으로 굴러떨어졌다가 물 위로 올라온 아이는 고개만 내밀고 숨을 할딱거리고 있었다. 다행히도 우물 속에는 쇠파이프가 내려져 있었다.

"얘야, 울지 말고 그 파이프를 꼭 붙들고 고개를 높이 들어 숨을 크게 쉬어라." 어른들은 한목소리로 힘껏 외쳤다. 가슴을 졸이며 구조대가 도착하기를 기다렸다.

소년의 엄마는 눈물을 흘리며 어쩔 줄 모르고, 모여든 사람들은 두 손 모아 "관세음보살"을 간절히 불렀다. 구급차가 부리나케 달려왔다. 구급대원이 밧줄을 타고 내려가서 순식간에 소년을 구하자 환호성과 박수가 터져 나왔다.

소년의 엄마는 우물에 빠진 아들을 구출하기까지의 십여 분이 아마도 십 년처럼 느껴졌을 것이다.

우물에서 구출된 소년은 엄마의 애간장 타는 심정을 아는 둥 마는 둥 싱글벙글했다. 우물에 빠져 한바탕 소란을 벌인 소년도 이 우물을 평생 잊지 못하리라.

그날 우물에 빠진 소년의 생명을 구해준 고마운 분과 함께 기적을 행하신 보이지 않는 손길도 있었을까. 아찔한 순간에 간발의 차이로 살아난 운이 좋은 소년이었다.

어릴 때 어머니는 나를 절에 자주 데리고 다녔다. 선광사는 내 친척 할아버지인 법인 스님이 1942년에 창건하신 절이다. 법당에 들어서면 어머니를 따라 부처님께 절을 올리곤 했다. 나와는 인연이 깊은 곳이라서 지금도 행사 때마다 찾아가곤 한다. 법당에 들어가서 삼배를 드리고 기도를 하고 나면 마음이 편안해진다.

법당 옆에 있던 우물은 커다랗고 깊었다. 오랜 가뭄이 들어 다른 곳의 우물은 모두 말랐어도 이곳의 우물은 마르지 않았다. 파란 하늘과 흰 구름이 담겨 있는 우물 속을 들여다보면 생동감이 넘쳐났다. 무더운 여름날에 우물물을 마시면 갈증이 해소되고 더위도 이겨낼 수 있었다. 신축공사를 하고 난 후엔 우물은 땅속에 묻혀버렸고 물을 쉽게 사용할 수 있는 상수도가 들어왔다.

우물의 옛 모습을 떠올려 본다. 물이 귀했던 시절에 선인들의 삶과 지혜를 생각하면 숙연해진다. 어렵게 수맥을 찾아내 처음엔 마른 흙을 파냈을 테고, 차츰차츰 파내면서 물기가 묻은 흙을 만나 마침내 물을 만났을 때의 그 기쁨을 짐작하고도 남는다. 원시적인 삽과 곡괭이로 흙을 파내느라 얼마나 많은 시간과 공을 들였을까. 우물에는 선인들의 숨결이 살아있는 듯했다. 신의 물방울들이 모여 살고 있어서일까. 우물은 언제나 생동감이 넘쳐났다.

우물이 깊은지 얕은지는 돌멩이 하나를 던져보면 알게 된다. 돌이 우물 밑바닥에 닿는 데 걸리는 시간과 그때 들리는 소리를 통해서 우물의 깊이를 알 수 있다. 선광사의 우물에 돌을 던져보면 밑바닥에 닿는 소리가 한참 후에야 들렸다.

사람의 마음에도 우물이 있다. 내 마음 우물의 깊

이는 얼마만큼일까. 다른 사람이 던지는 말을 통해서 마음의 깊이를 알 수 있지 않은가. 내 마음이 깊으면 어떤 말이 들어와도 깊은 울림과 여운을 남긴다. 누군가의 말 한마디에 흔들린다면 내 마음이 아직도 얕기 때문이리라.

우물물은 생명수이며 삼라만상의 거울이다. 선광사의 깊은 우물물을 마시며 자란 내가 아닌가. 나는 깊은 우물을 마음에 지닌 사람을 좋아하며 믿는다.

유리창에 떨어지는 봄비가 나를 일깨운다. 빗방울이 땅속으로 스며들어 수맥을 따라 흐르는 청정한 생명수. 깊은 샘물을 끌어서 올려 병 속에 담긴 삼다수를 바라본다. 생수를 마실 때마다 깊은 우물을 떠올리곤 한다. 옛 우물은 내 영혼의 갈증을 해소해준다. 내 마음의 우물에서도 사랑의 샘물이 솟아 나온다.

단풍잎

지난가을 북촌 한옥마을 골목길을 탐방하고 있을 때였다. 가을비가 촉촉이 내려 우산을 쓰고 단풍나무 길을 걷고 있는데 단풍잎 하나가 살며시 내 어깨 위에 내려앉았다. 단풍잎을 손바닥에 올려놓고 바라보는 순간 마음에 무언지 모를 파도가 일었다.

푸르던 녹색 잎을 붉은색으로 갈아입은 단풍나무, 문득 시골에 계신 아버지가 떠올랐다. 우리 사남매를 품고 생의 종착점을 향해 달려온 아버지 손을 닮아서이다. 젖은 단풍잎을 책갈피에 끼워놓을 요량으로 물기를 찍어냈다.

오랜만에 서울에서 내려온 큰딸이 외할아버지와 할머니를 뵙고 싶다기에 친정으로 갔다. 각박한 객지 생활에 잘 적응해온 외손녀가 와락 안기며 눈물을 보이자 아버지의 두터운 손이 떨리고 있었다. 옆에서 어머니도 함박웃음을 지으며 외손녀를 안아주었다. 텃밭에는 배추와 무가 싱싱한 웃음을 짓고 귤나무 잎새도 훈풍에 하늘거렸다. "할아버지! 할머니!"를 연거푸 부르는 손녀를 흐뭇한 표정으로 바라보셨다.

어렸을 적 아버지는 길을 가던 나그네들이 하룻밤 묵기를 청하며 들어오면 언제라도 흔쾌히 받아주었다. 때로는 밤을 새우며 사연을 들어주기도 하였다. 세월이 많이 흘렀으나, 지금도 아버지의 목소리는 여전히 시원스럽고 그 품은 아직 넓다.

아버지를 뵈면 문수보살의 시자인 균제 동자가 무착 스님한테 들려주었다는 선시가 떠오르곤 한다.

성 안 내는 그 얼굴이 참다운 공양구요.
부드러운 말 한마디 미묘한 향이로다.
깨끗해 티가 없는 진실한 그 마음이
언제나 한결같은 부처님 마음일세.

매사에 긍정적인 마음을 심어준 나의 아버지. 어려운 이웃을 보면 만사를 제쳐놓고 달려가 물심양면으로 도와주기를 좋아하던 아버지 얼굴은 언제나 해바라기이다. 무슨 일이 생길 때마다 동네 사람들은 아버지를 찾아오곤 했다. 아버지의 두꺼운 손을 만져보면 얼마나 고생을 하셨는지 짐작할 수 있어 애달프지만, 자애로운 손이다. 내가 모진 세파를 잘 견딜 수 있었던 것도 언제나 아버지가 보여준 인자한 미소의 힘 덕분이리라.

가난한 어린 시절이었지만 온정이 넘쳐났던 기억들이 마음을 풍요롭게 한다. 요즘은 물질이 풍부한 세상이지만, 정이 메말라 삭막한 세상이 되어가는 것은 아닐까, 하는 우려가 들기도 한다. 일상에 매몰되어 자신을 돌볼 겨를도 없이 살아온 지난날을 돌아보면 부끄럽다.

자기가 좋아하는 일을 찾아내 할 수 있는 사람이야말로 행복한 사람이다. 아버지는 미로를 헤매다가 안정을 찾은 나를 바라보면서 안도감을 짓는다.

한평생 귤나무를 가꾸느라 태양과 바람과 흙에 의지하며 살아오신 아버지의 과수원에 가보았다. 아버지 손길을 받고 자란 귤나무 잎새가 싱싱한 모습으로 반짝거렸다. 아버지의 땀과 시간이 만들어낸 무늬이다.

아버지는 "때를 기다릴 줄 아는 것이 중요하다."며 농사 일에 서두르거나 욕심을 내지 않는다. 매사에 욕심을 내려놓고 자연에 순응하며 살아가는 삶이 행복임을 흙을 통하여 터득하셨다. 태풍이 수없이 몰려와 훑고 지나가도 오직 좋은 날이 있기를 바라며 묵묵히 일해 오신 나의 아버지. 고목이 된 단풍나무를 보며 아버지를 연상시키는 것도 이 때문이리라. 아버지의 마음은 곱게 물든 단풍잎 빛깔이다.

아버지와 오랜만에 이런저런 담소를 나누다 보니 그동안 쌓인 체증이 내려갔고 가벼운 마음이 되었다. "진심은 누구에게나 통하기에 베풀면 메아리가 되어 돌아온다."는 아버지의 지론은 예나 지금이나 한결같다. 아버지의 마음 밭에는 언제나 긍정의 꽃이 피어있다. 내 마음속에 늘 신선처럼 앉아계시는 아버지이다.

큰딸과 나는 작별인사를 나누고 돌아오면서 하늘에 피어난 뭉게구름 위에 올라앉은 기분이었다. 집에 들어서자마자 책갈피에 넣어 둔 단풍잎을 손바닥에 올려놓고 바라본다. 한세상을 겪은 희로애락의 무늬가 새겨져 있는 듯하다. 거칠고 딱딱해진 아버지의 손이 떠오르며 울컥해진다. 이 세상에서 가장 따뜻한 정을 주신 손임을 절실하게 느껴지는 순간이다.

난卵

냉장고에서 달걀을 꺼낸다. 산란의 고통을 생각하며 달걀을 조심히 다룬다. '닭이 먼저일까. 알이 먼저일까.'라는 물음은 아직 풀지 못한 생명 탄생의 수수께끼이다.

어릴 때 어머니는 배탈이 나면 달걀을 삶아주시곤 했다. 외할머니도 종종 나에게 닭과 달걀을 삶아주셨다. 지친 나에게 원기회복을 도와준 닭과 달걀이다. 나는 달걀을 좋아한다.

학설에 의하면, '단백질이 풍부한 달걀은 시력보호와 노화를 방지한다. 두뇌 발달에 필요한 레시틴 성분은 인체의 콜레스테롤 수치를 낮추는 데 도움을 준다. 또한, 혈관을 청소해 몸속에 쌓인 독소 물질을 배출하여 치매 예방에도 도움을 준다.'고 한다.

달걀을 바라보니 어린 시절 고향 집 풍경이 문득 떠오른다. 고향 마을에는 닭을 기르는 집이 많았다. 우리 집 앞마당에도 닭의 가족이 살았다. 어미 닭과 병아리들이 앞마당에서 놀고 있으면 무서운 매가 종종 나타났다. 그럴 때마다 어미 닭은 얼른 품속으로 병아리를 숨기는 모습을 보았다. 어미 닭의 애틋한 모성애를 보면서 닭도 지혜가 있음을 알았다.

닭들은 창고 한구석에 있는 둥지에서 잠을 잤다. 수탉이 "꼬끼오~." 하고 우는 소리는 시계가 없던 시절의 자명종이었다. 새벽 세 시에 우는 첫닭 울음소리가 멀리서도 들려왔다. 첫닭이 울면 귀신도 사라진다고 아버지는 말씀하셨다. 새벽 네 시가 되면 한 번 더 울면서 잠을 깨웠다. 어머니는 아침 식사를 준비하고 아버지는 마당 청소를 했다. 나도 일어나

새벽 공부를 하였다.

요즘은 닭 울음소리를 대신해서 스마트폰 알람 소리가 새벽잠을 깨운다. 시골에서 아침마다 울던 새벽닭 소리가 지금도 먼 곳에서 들려오는 듯하다. 수탉 울음소리는 새벽과 정오 시간을 정확히 알려주었다. 사람들은 저녁에 우는 닭은 상서롭지 못한 닭이라고 여겼고, 그래서 그 닭은 목숨을 부지할 수 없었다. 암탉은 알을 낳고 난 후에만 "꼬꼬댁, 꼬꼬댁……." 어질게도 울었다.

어미 닭이 알을 품은 지 이십여 일 지나면 병아리가 세상에 나오려고 몸부림친다. 어미 닭은 때를 맞추어 알 속의 병아리와 동시에 부리로 껍질을 톡톡 쪼아주면 귀여운 병아리가 태어난다. 줄탁동시崒啄同時의 순간이다. 어미 닭이 그 시간을 놓치면 병아리는 안타깝게도 질식사하고 만다.

사는 동안 줄탁동시를 깨닫는 것은 그리 쉬운 일이 아닌 듯하다. 하지만 내면의 소리에 귀를 기울이며 믿을 만한 사람에게 자문한다면, 천운天運인 줄탁동시를 놓치진 않으리라.

학교에선 제자의 애절한 마음을 읽고 스승이 이끌어주고, 병원에선 환자의 신음을 듣고 의사가 도와주는 신성한 일을 두루 볼 수 있다. 사는 동안 누군가의 도움이 동시에 이루어졌을 때 생명의 탄생, 치유 또는 새로운 길이 열리는 줄탁동시의 순간들이 있다. 이런 애절한 상황에 도움을 주는 거룩한 손길을 볼 때마다 고개를 숙이게 된다.

세상은 커다란 알이다. 지구의 껍질인 땅을 밟고 사는 만물의 영장인 인간이나 삼라만상은 모두 신성神性을 지닌 존재가 아닌가. 산스크리트어에선 인간을 '둘라밤'이라고 한다. 둘라밤은 '얻기 힘든 기회'라는 뜻이다. 한 생명체가 인간으로 환생하려면 팔천사백 번의 윤회를 거듭해야 한다고 힌두교에선 말한다.

이렇듯 고귀한 삶인데, 헛된 욕망에 사로잡혀 서로 질투하고 미워하는 인간을 볼 때마다 하늘은 눈물을 흘리고 계실 것만 같다. 태양은 언제나 밝은 빛을 온누리에 두루 비치고 있지 않은가.

내 영혼은 어떤 모습으로 윤회의 수레바퀴를 돌다

가 이 세상에 태어났는지 알 수 없는 일이다. 시원始原의 알 속에 응축되어 있던 에너지가 부모의 은혜를 입어 인간 세상에 태어난 유일한 존재가 아닐까. 금수강산에 태어난 큰 은총을 받은 나에게 주어진 일이 있는 듯하다.

인간의 몸은 유한하나 작가의 자취와 정신은 글에 영원히 남는다. 글에서 '서권기 문자향書卷氣 文字香'으로 남는다면 얼마나 좋을까. 책 속에서 청고고아淸古高雅한 작가의 인품을 만나면 기운이 솟는다. 글은 작가의 영혼이 응축된 시원始原의 알이다. 달콤한 향기를 지닌 비밀스러운 알이 되어 태어나고 싶다.

냉장고 속의 달걀을 바라본다. 컴컴한 세상에서 벗어나지 못한 생명이 잠자고 있는 듯하다. 잠시 지구별에 놀러 온 나, 내 안에는 답답한 껍질을 깨뜨리고 나온 병아리 같은 내가 살고 있다. 긴긴 잠에서 깨어난 나는 미지의 세상을 향해 나래를 펴본다. 하늘 바람이 불어온다.

돛단배 한 척이

탑동 방파제에 앉아 하염없이 바다를 응시하고 있을 때였다. 흰 돛단배 한 척이 출렁이는 물결에 몸을 맡긴 채 먼 항해에서 돌아오고 있었다.

한동안 눈으로 흰 돛단배를 좇고 있었다. 망망대해에 떠 있는 작은 배는 어느 항구에서 출발하여 여기까지 왔는지 알 수 없지만, 험한 파도에 시달려온 초췌한 모습을 보니 애잔한 마음이 그득하였다.

나는 섬에서 태어난 덕분에 늘 파도 소리와 바다

냄새를 품고 살아왔다. 나를 키워준 바다, 파도 소리를 듣고 싶은 날이면 해안도로를 찾아가곤 한다. 그때마다 태양은 투명한 빛깔로 바다를 채색하고, 파도는 장중한 교향악을 연주하고 있다.

이십여 년 전의 일이다. 어린 세 아이를 안고 고향인 제주에 정착하려고 비행기를 타고 내려오면서 바다를 내려다본 적이 있다. 내 안의 지식 보따리를 꽁꽁 묶어 태평양에 미련 없이 던져버리고, 고향 집에서 세아이를 키우며 살기로 했다.

청정한 바다와 한라산은 변함없이 반갑게 나를 맞아주었다. 부모님과 친지들이 있으니 큰 걱정은 되지 않았다. 나의 작은 배는 아침마다 구두 끈을 단단히 졸라매고 출근하는 남편과 감수성이 뛰어난 큰딸, 심성이 착한 작은딸과 개구쟁이 아들을 태우고 끝없이 펼쳐진 초록 바다를 향해 출항하였다.

바다는 변화무쌍하였다. 잔잔한 바다에 파도가 몰려올 때마다 나는 한없이 약해져서 불안에 떨었다. 파도가 배를 전복시켜 버릴지도 모른다는 생각이 들 때마다, 돛대를 놓치지 않으려고 안간힘을 썼다.

그리고 신께 버틸 수 있는 용기를 달라고 간절히 구하였다. "신이시여, 신이시여!……."

무릎을 꿇고 기도하는 날이 많아졌다. 내면에서 들려오는 소리에 귀를 기울이는 시간도 많아졌다.

서울로 올라간 딸도 험난한 항해를 시작하였다는 소식이 들려왔다. 거친 풍랑과 소용돌이에 휩싸여 온갖 고통을 겪고 있는 듯하였다. 망망대해에 버려진 돛단배처럼 허기와 고독의 시간을 견뎌내느라 힘들어하는 모습이 간헐적인 통증처럼 전달되어 오곤 하였다.

어느 봄날이었다. 딸아이가 지쳐 쓰러질 것만 같은 예감이 들어 달려가 보니 우울의 늪에 빠져 있었다. 그때 딸이 힘겹게 "세상은 온통 지뢰밭이야." 하면서 울음을 참으며 새끼처럼 품은 '시詩'들을 들려줄 때 나는 부끄러워 고개만 끄덕였다.

〈소녀의 방〉이라는 시를 보면서 딸아이가 힘들어했던 시간이 연상되자 가슴이 아팠다. "어둠 안으로 매장되는 한 평 남짓/ 모든 불안과 안식의 입구며 출구다/ 시커먼 불안을 밀어낼 때마다 목구멍에서는 피가 흐른다."라는 구절을 읽고 딸을 꼭 껴안아 주며 조용히 눈을 감았다.

오랜만에 딸이 사는 서울 집에서 세 아이를 만나 회포를 풀었다. 아이들은 거친 항해를 겪고 돌아와 정박한 돛단배에 지친 몸으로 앉아있는 모습 같았다. 나는 그저 그윽한 눈길로 아이들을 바라볼 뿐 할 말을 잃었다. 아이들도 엄마의 마음을 읽어냈는지 힘든 내색을 하지 않으려고 애써 웃음을 지었다.

작은딸이 "어느 무리에든 괴물 존재 법칙이 있대요. 한 괴물이 사라진 줄 알았더니, 다른 괴물이 또 나타난대요."라고 한다.

역시 인간관계 맺음이 풀어야 할 숙제인 듯하다. 세상은 이상해서 착한 심성을 가진 자가 바보가 될 때가 있다. 그럴 때는 어딘가에서 마법사라도 나타났으면 하는 바람이 인다.

아들도 "세상엔 미치광이들이 참 많더라."라며 탄식조로 말할 땐 힘들었던 군 생활이 가히 짐작하고도 남았다. 인간관계가 힘들어 가슴이 먹먹해지더라도 온기를 베풀며 살아가라는 염원을 담아 따스한 눈길을 보냈다. 이젠 견뎌내야만 할 시간에 일어나는 파도의 높이를 가늠할 줄 아는 안목이 생긴 듯하다.

멀고 험한 항해를 다시 떠나야 하는 아이들을 남겨두고 집으로 돌아오는 발걸음은 무겁기만 하였다. 세파에 시달리면서 겪은 고충으로 지혜를 얻었으니 단단한 배가 되어 물살을 잘 헤쳐나가리라 믿으며 아이들을 품에 안았다.

오늘도 해안도로에 가보았다. 폭풍이 모두 지나간 듯 풍랑도 잠잠해지고 포근한 햇살이 비치고 있었다. 신기하게도 두 사람을 태운 흰 돛단배 한 척이 내 앞에 나타났다가 어디론가 유유히 흘러가는 모습이 마치 선경仙境인 듯하였다.

정저지와井底之蛙

경칩이 가까워 온다. 앞마당의 매화도 꽃봉오리를 내밀고, 언제 날아들었는지 까치 두 마리도 잔디밭에 내려앉아 햇살을 맞고 있다. 한가한 오후 시간 봄기운이 밀려온다. 사려니 숲으로나 가볼까 궁리하다가 마당가의 작은 연못에 시선을 멈춘다.

개구리가 물속으로 풍덩 뛰어드는 소리에 잔잔한 파문이 일었던 고요한 연못. 어릴 적 내 고향 바닷가 연못에서 함께 놀던 개구리들이 그립다. 용천수가 솟아오르는 맑은 샘물에서 빨래도 하고 물장구도 치며 놀던 작은 호수였다. 주차장으로 변해버린 그곳에 가면 지금도 개구리 소리가 희미하게 들려오는 듯하다.

물속을 들여다보면 알에서 부화한 올챙이가 개구리로 변하는 과정을 훤히 들여다볼 수 있었다. 하루는 용기를 내어 연못 속으로 들어가 보았다. 밑바닥에 발이 닿아 끈적거리는 감촉에 소름이 돋았다. 수초들 틈에는 물뱀도 살고 있다. 꽃뱀이 쫓아오는 것을 본 나는 엉겁결에 달아나면서 가슴이 철렁했던 기억을 잊을 수 없다.

비가 오는 날이면 개구리들이 와글와글 합창했다. 여름밤에는 개구리 울음소리를 들으며 추억에 젖어들곤 했다. 그 옆에는 우물이 있었다. 두레박으로 물을 길어 올리던 어느 날 아침, 개구리 한 마리가 길을 잃었는지 우물 속으로 풍덩 빠졌다. 개구리는 깊은 우물에서 허우적거리며 물 위로 고개를 내밀고 하늘을 올려다보고 있었다. 얼마나 두렵고 갑갑했을까. 우물 속으로 두레박을 살며시 내려 개구리

한 마리를 담아 올렸다. 우물에서 탈출한 개구리는 나오자마자 가볍게 뛰어 달아났다.

누굴 만나러 어디로 가는 것일까. 지금까지 살아오는 동안 만났던 숱한 인연을 떠올려본다. 그들은 어디서 무엇을 하며 어떤 모습으로 살고 있을까. 남편과 만나 둥지를 틀고 사는 동안 나는 우물 안 개구리였다. 문득, 정저지와井底之蛙라는 문구가 떠올랐다.

동정심은 나의 약점이다. 엇박자를 내면서 살아온 지도 어느새 삼십여 년이 흘렀다. 그때부터 긴 호흡을 배우기 시작했다. 무슨 연유로 신은 남편과 나를 이렇게 묶어 놓았을까. 서울에서 살다 세 아이를 안고 고향에 내려와 종갓집 맏며느리로서 현실에 순응하며 소박하게 살기로 했다. 오래 간직해온 꿈의 날개도 접었다. 꿈을 접어 넣은 세월의 장롱 속엔 시간의 물증들이 가득하였다.

농촌의 햇살이 눈을 찌르기 시작했다. 거친 바람이 가슴을 훑고 지나가기도 했고 강풍에 나뒹굴기도 했다. 영화 〈로마의 휴일〉에 나오는 철없는 공주처럼 복잡한 세상에 나왔으니 얼마나 아슬아슬하게 보였을까. 적응하려고 애썼지만 우울한 공상에 빠지기만 했다. 시름시름 앓기 시작했다. 약 처방도 효험이 없자 천왕사 삼성각에 올라가 기도를 드리기도 했다. 천왕사 가는 길의 단풍나무는 사시사철 고운 모습으로 나를 반겨주었다. 들꽃도 관세음 미소를 지으며 새소리와 계곡의 물소리에 화답한다. 대웅전 처마 밑에 달린 풍경 소리도 나를 정겹게 맞아준다.

어느 해였던가. 급류에 휩쓸려 내려오다 안착한 수필교실. 샘물이 흐르는 녹색 웅덩이였다. 어찌하여 내가 마법에 걸린 듯이 이곳에 앉아 있는 것일까? 행운이었다. 얼마나 찾아 헤매었던가. 별빛이 쏟아지는 고요한 길에서 별 하나를 본다. 천년을 꽃피울 꿈으로 버티고 참아낸 연꽃 씨앗처럼 텅 빈 마음속에 한 송이 연꽃이 싹을 틔우기 시작했다. 스승님은 길을 안내해주는 나침반이며 등불이 되었다. 마침내 잠자던 마음의 별이 깨어나 반짝이기 시작했다. 그 후론 그 불빛을 따라 세상에 감추어진 보석들을 찾아 나섰다.

새로운 세상이 열리던 어느 겨울날, 하늘에선 함박눈이 펑펑 쏟아져 내렸다. 《수타니파타》 경전의 은밀한 속삭임도 들려오는 듯했다.

"소리에 놀라지 않는 사자처럼, 그물에 걸리지 않는 바람처럼, 진흙에 더럽혀지지 않는 연꽃처럼……."

내 앞에 펼쳐진 미지의 길은 새로 난 숲길이었다. 봄빛을 받아 나온 개구리는 숲속의 밀어를 들으며 한 걸음 한 걸음 숲을 향해 기어들어 가고 있었다.

용월이를 품은 돌에선

우리 집 앞마당에는 용월이를 품은 돌이 산다. 아파트에 살다가 개인 주택으로 이사를 온 지도 십여 년이 흘렀다. 봄, 여름, 가을, 겨울이 빠르게 지나가는 동안 제 몫을 다하는 정원의 꽃과 나무들이 대견스럽다. 베란다 앞엔 단풍나무 한 그루가 터전을 잡고 있다. 단풍나무 밑에는 한 아름에 안길 만한 크기인 용월이를 품은 돌이 예사롭지 않게 앉아있다.

나는 그 앞을 지나다닐 때마다 용월이의 표정을

살피곤 한다. 돌 위엔 바람이 지나간 흔적이 있고 빗물이 흘러내린 자국도 있다. 이끼도 끼어있고 콩란도 품고 있다. 장미꽃 모양의 잎을 가진 용월이의 모습이 아름다워 잎이 꽃인 줄만 알았다. 용월이는 흙이 그리 많지 않아도 뿌리를 내리고 잘 자라며 생명력도 강하다.

단풍나무는 한낮이면 그늘이 되어 햇볕을 가려주고 비가 내리는 날에는 비를 막아주기도 한다. 지난 겨울엔 용월이 위에 하얀 눈이 소복이 쌓였다. 눈을 쓸어내리지 않고 그냥 지나친 것이 마음에 걸렸다. 나중에 잎을 살펴보니 붉은 반점이 돋아있었다. 추위를 이겨내느라 힘들었던 게다. 애처롭다. 다시 회복되기를 간절히 바라면서 아침마다 쌀뜨물로 씻어주곤 했다.

돌에도 열정이 숨어 있었던가. 올봄에는 그 열정이 용솟음쳤는지 그 위에 붙어사는 용월이가 별 모양의 하얀 꽃을 피웠다. 별꽃을 보니 애잔한 마음이 들기도 하지만, 그 향기에 이끌리어 용월이를 품은 돌을 한동안 바라보느라 시간 가는 줄 몰랐다.

"물을 보면 물이 되고/ 꽃을 보면 꽃과 하나 되어/ 물 따라 흐르는 꽃을 본다."라는 서옹 스님의 마음을 이제야 알 듯하다. 감나무에 까치 한 쌍이 날아와 지저귄다. 돌담도 새소리에 귀를 기울이는 모습이 정겹다.

나는 바닷가나 산에 갈 때마다 돌이나 바위의 표정을 살피곤 한다. 온갖 풍상을 겪은 흔적이 있는 돌과 바위의 모습을 보면 눈길이 오래 머물게 된다. 숱한 세파를 짐작하게 하는 언어를 새겨놓은 여러 형상을 바라볼 적마다 가슴이 시리고 눈물이 핑 돌기도 한다. 그래도 햇살이 비치는 날이면 밝은 표정으로 따스한 기운과 부드러운 숨결을 내뿜는 모습을 볼 수 있다.

만약, 지구상에 돌이나 바위가 없다면 어떻게 될까. 돌과 꽃, 바위와 나무, 꽃과 나비……. 서로 의지하면서 상생하는 만물을 보고 있노라면 혼자보다는 둘, 둘보다는 여럿이 어우러진 모습이 더 아름답다. 내 정원에 사는 용월이는 돌에게 돌은 용월이에게 천생연분인 듯 잘 어울린다.

사는 동안 어떤 인연을 가까이 하느냐에 따라 삶의 의미가 달라진다. 자신에게 맞는 인연을 따라가면 꽃을 피우고 결실을 맺으며 행복한 삶을 누릴 수 있으리라.

법정 스님도 "진정한 인연과 스쳐가는 인연을 구분해서 맺으라."라고 했다. 우리는 인연을 맺음으로써 도움을 받기도 하지만, 그에 못지않게 피해를 당하기도 한다. 그것은 진실성이 없는 사람에게 진실을 주기 때문이리라. 한순간의 만남일지라도 누군가에게 잊히지 않는 향기로 남을 수 있다면 좋으리.

아침마다 물을 주며 용월이를 품은 돌을 바라보고

있노라면 한동안 말문이 닫히기도 하지만, 우아한 모습에 반하고 만다. 모진 세월을 견디고 꽃을 피울 수 있는 것은 햇살과 바람의 다독임이 있어서일까. 육 년 만에 꽃이 피어나기 시작하더니 용월이는 해마다 꽃을 피운다. 올해도 용월이의 여린 잎 사이로 별꽃이 한 무더기 피어났다. 황홀한 향기로 전해주는 법문이 앞마당에 가득한 오월이다.

제2부

우체통을 보면

우체통을 보면

길을 가다 빨간 우체통을 보면 다시 한 번 쳐다보게 된다. 나에게 손편지를 보내올 사람이 있는 것도 아닌데 우체통을 보면 문득 많은 사연을 담은 편지들이 쏟아져 나올 것만 같아 잠시 서성이곤 한다.

서로 연락할 수 있는 매체가 편지밖에 없었던 시절에 만년필로 꽃 편지지에 써서 보냈던 우정의 편지, 남자 친구로부터 받았던 연애편지, 부모님께 드렸던 안부편지도 추억의 저편 시간 속으로 사라져 버렸다. 이젠 손편지를 쓰는 일이 드물지만 나에게

오는 편지도 없어 쓸쓸해진다. 이메일이나 스마트폰으로 소식을 주고받는 편리한 세상이 되어버렸으나 손편지에 대한 그리움이 솟구친다.

지난여름 문학기행을 다녀온 통영에는 청마 유치환이 연인이었던 정운 이영도에게 오천 통의 편지를 써 보냈다는 우체국 터가 남아 있었다. 유치환의 시 〈행복〉에서 "에메랄드빛 하늘이 환히 내려다뵈는 우체국 앞에서 너에게 편지를 쓴다."라던 그 우체국이다. 청마와 이십 년 간 주고받았던 편지를 엮어서 《사랑했으므로 진정 행복하였네라》라는 책을 낸 정운이 부럽기도 했다.

인스턴트 사랑이 넘치는 이 시대에 플라토닉 사랑을 나눈 두 시인의 사랑은 널리 알려진 위대한 로맨스가 되어 흐르고 있었다. 기다림과 설렘을 담아 주고받았던 연애편지. 시인 청마에게 정운을 향한 플라토닉 사랑은 시를 잉태하게 했고 그들의 사랑은 시가 되어 감동으로 이렇게 살아있다.

청마문학관에서 정운의 고운 모습이 담긴 사진과 청마의 시를 읽으면서 잠자던 내 마음에도 잔잔한 파문이 번져나가는 듯했다. 여인이라면 누구나 한 번쯤 아름다운 사랑을 꿈꾸고 있으리라.

통영에서 청마와 정운이 주고받았다는 손편지. 그 사랑으로 행복한 삶을 살다 간 두 시인의 이야기를 들으며 어느새 분홍빛으로 물들어 가고 있었다.

현실의 사랑은 꿈처럼 황홀하지도 않으며 낭만적이지도 않다. 엄연한 현실이기에 삶의 소용돌이에 휘말리기도 하고 거센 폭풍우에 난파되기도 한다. 하지만 상상 속의 사랑은 무한한 우주로 날아가 무수한 꿈을 펼칠 수 있기에 무상의 행복을 안겨준다. 이런 사랑은 신이 내린 축복이었을까.

톨스토이가 《사람은 무엇으로 사는가》라는 책에서 "인간은 오직 사랑의 힘으로 살아가고 있다."라고 말한 구절에 수긍이 간다. 가까이에 계시는 부모님이나 친구를 보아도 삶의 원천은 사랑이었다. 내가 살아갈 수 있는 것도 내 안에 있는 사랑의 힘이 나를 지탱해주고 있기에 가능한 것이 아닐까.

누군가는 사랑을 '에로스, 루드스, 스토르게, 마니아, 프라그마, 플라토닉, 아가페' 등으로 말하지만 그

근원은 뜨거운 가슴이 아닐까.

앞마당에 분꽃이 피었다가 진 자리에 새까만 꽃씨가 맺혀 있다. 여름에 피어나 운치를 살려주었던 봉숭아도 씨방이 부풀었다. 감나무와 석류도 꽃이 진 자리마다 열매가 탐스럽다. 사랑이 머물다간 자리에 피어난 꽃과 열매들. 존재한다는 것은 사랑을 꽃피우기 위한 몸부림이리라.

홀연히 광풍이 일어 침울한 기운이 한바탕 세상을 휩쓸고 지나갔지만, 저 삽상한 바람이며, 쾌적한 햇살, 수많은 꽃의 미소에 그나마 위안을 삼아본다.

내 뜰에 피어난 꽃들에 눈 맞춤을 한다. 눈이 부시다. 어디선가 좋은 인연이 다가오는 것만 같아 마음의 빗장을 열어놓는다.

아무리 세상이 많이 변했다지만, 우체국 앞에 멍하니 서 있는 우체통을 보면 문득 궁금증에 시달리곤 한다. 누군가의 애틋한 사랑이 기다리고 있을 것만 같아서이다. 그 로맨스의 틈바구니에서 미혼남녀들이 감염되면 얼마나 좋을까.

석탑

지난여름. 토함산 숲길을 지나 불국사 경내에 들어서니 허공에 가득 찬 부드러운 기운이 나를 끌어안는다. 모진 세월을 견뎌온 노송과 나무들도 제철을 만나 초록빛을 내뿜고 있다.

석가탑 아래 발걸음을 멈추자 탑의 완성을 위해 석공이 흘린 땀방울과 고통의 시간이 느껴진다. 석탑 위에는 천삼백여 년이란 세월이 차곡차곡 쌓여 있는 것만 같다. 혹독한 풍파를 견뎌온 석가탑은 그 오랜 세월과 투쟁해온 흔적이 역력했다. 올 사월에는 본래의 모습으로 돌려놓기 위한 사업이 시작되었다. 이층 옥개석을 열어 사리를 법당으로 모시는데 하늘도 감응했는지 우박이 쏟아져 내렸다고 한다.

나는 불국사 석가탑 앞에서 황홀한 빛에 이끌려 한참을 서성거렸다. 백제에서 온 아사달이 열정을 태우며 돌을 다듬는 망치 소리, 경내에 얼마나 울렸을까.

그림자가 생기지 않는다고 하여 무영탑이라 불리기도 하는 석가탑은 법화경에 나오는 석가여래를 상징한 탑이라고 한다. 내가 본 석탑 중에서 소박하고 단아한 기품이 있는 가장 아름다운 석탑이다.

내 마음속에서는 늘 세 아이의 탑을 쌓고 있다. 아이들 각자의 몫이지만 세상에서 제 몫을 다하며 살기를 바라는 마음으로 탑을 쌓고 있다. 돌을 잘 다듬어 하나씩 올려놓는 심정으로 하루하루를 산다.

요즘은 큰딸을 생각하는 시간이 많아졌다. 삼십여 년 전, 함박눈이 펑펑 내리는 어느 겨울날이었다. 그날도 학교에서 펭귄처럼 볼록하게 솟아오른 배를 하고서 근무를 하고 있었다. 갑자기 양수가 쏟아져 어찌할 줄을 몰라 무척 당황했다. 응급실로 달려가 제왕절개를 하고 낳은 딸이다. 사흘 만에 가까스로 일어나 첫아이의 얼굴을 보는 순간 해산의 고통은 싹 사라지고 생명 탄생이 신비롭기만 하였다.

한 달 만에 다시 출근하느라 젖을 물릴 수가 없었다. 보모에게 맡기다 보니 포근한 사랑을 주지 못한 점이 미안하기만 하다. 세상살이가 힘들 때 언제든지 달려와 포근히 안길 수 있는 편안한 쉼터가 되고 싶은데 거리감이 느껴질 때가 있다. 늘 마음 한구석에 고이 품고 다니고 있다는 사실을 딸은 알고 있을까.

딸의 아픔이 그렇게 많은 줄 몰랐다. 자신의 통증을 시로 표현하면서 부족한 어미를 용서하는 심정으로 살아온 시간이 얼마나 힘들었을까.

큰딸을 보고 있노라면 나의 모습을 보게 된다. 딸이 쓴 시를 읽으며 잔혹했던 시간의 틈새를 다시 보면서 마음을 달랜다.

처음으로 그대의 내력을 알게 되었어요.
이불 홑청 흐트러진 꽃잎들 사이로
첫울음 터뜨린 후,
내 어머니의 어머니들이 목련꽃을 낳은 해에
세상 울음길을 터 주었다는 것을

－김현승(큰딸)의 시, 〈노파의 장롱〉에서

내 아픔이 전이되어 앓고 있는 딸에게 어떻게 해야 도움을 줄 수 있을지 생각에 잠기곤 했다. 서울 생활에 젖은 아이는 고향에 내려올 마음이 없는지 발길이 뜸하다. 딸과의 거리가 멀어지는 것만 같아 일부러 시간을 내어 오랜만에 한강 변을 딸과 같이 걸었다. 십여 년 동안 객지 생활에 잘 적응하면서 살아온 딸이 기특하지만, 고단함이 느껴져 애처로운 마음이 들기도 했다.

"지금 네가 원하고 있는 것은 무엇이지?"

"시집詩集을 내고 싶어요……."

시집을 내는 데 흔쾌히 도움을 주겠다고 했더니 어두웠던 얼굴이 금세 환해졌다. 딸의 소망이 원만히 이루어지길 바라며 집으로 돌아왔다. 시인의 길을 가는 딸의 모습을 먼 곳에서 바라볼 수밖에 없는 어미이다.

누구나 한평생 살면서 석공처럼 열정을 태우며 자신만의 세월 탑을 쌓아가고 있으리라. 인생 탑을 쌓기 위해 자신에게 주어진 돌을 다듬느라 명멸하는 불꽃 에너지가 세상을 데우고 있는 듯하다.

매서운 북풍한설을 견디고 앞마당에 피어난 작약의 향기가 가슴에 파고드는 저녁이다. 불현듯 딸이 그립다. 딸의 열정을 담은 탑이 완성되는 날을 기다리면서, 나의 돌을 다듬고 다듬어 탑을 쌓는다.

기쁜 날

2014년 6월 17일은 제겐 잊을 수 없는 날이지요. 출판사에서 갓 태어난 큰딸의 첫 시집을 가슴에 꼭 껴안고 전율하며 3호선 지하철을 탔지요. 내 모습을 지켜보던 단아한 젊은 여인이 관심을 보이기에 말을 걸었어요.

"시집 표지 어때요?"

"제목도 표지도 특이하네요."

청순한 여인에게 맨 처음으로 시집을 건네주었어요. 하얀 블라우스에 검정 스커트를 입고 있던 그녀는

영국 유학 준비 중이라고 했어요.

문득, 그녀의 모습이 떠오르네요.

그녀도 나를 기억하고 있을까요.

가슴 벅찬 설렘이 가득한 기쁜 날이었어요.

시집 《소녀가 먼지처럼 자라는 동안》인데요.

아픈 상처를 참다가 터뜨린 시어들

별 하나로도 충분하다

조닐로!

인제 그만 내려놓자

…….

"제 첫 시집의 57번째 시詩인

나의 어머니께

이 전부를 드립니다.

-2014. 6. 17. 큰딸 현승 올림"

현승이가 사인하고 건네주는 시집을 받으며 내 손은 떨리고 누군가는 끄덕이고 첫 시집이 책상 위에서 불빛을 받아 반짝이네요.

도토리 한 알

탐라계곡에도 단풍이 곱게 물들기 시작했다. 숲길에 들어서니 시원한 공기와 숲의 냄새, 나무들의 싱그러운 모습에 이끌려 천천히 올라가고 있었다. 뒤따라오던 작은딸이, "엄마, 도토리가 허공에서 떨어졌어요. 누가 던진 것 같아요." 하는 말에 뒤를 돌아보았다. 도토리 한 알이었다. 반가웠다. 아침에 딸에게 "산에 가면 도토리를 볼 수 있을까? 도토리를 만나야 하는데……." 하면서 집을 나선 터였다.

“엄마의 마음을 알아차렸는지 공중에서 ‘툭’하고 떨어지네.” 한다. 신기한 듯 도토리 한 알을 손바닥에 올려놓고 보여준다. 학창시절, 어느 가을날에 공산성에서 만났던 다람쥐와 도토리가 생각나기도 했다.

도토리를 만났다는 반가움에 계곡을 따라 걸으며 ‘다람쥐는 없을까?’ 궁금해 하면서 도토리를 숲으로 던졌다. 그때였다.

“엄마, 다람쥐야!” 하는 목소리에 시선을 옮겼다. 다람쥐 한 마리가 무언가를 찾으려고 두리번거리다가 계곡의 바위 틈 속으로 빠르게 자취를 감추어버렸다. 다람쥐가 숨어버린 계곡의 바윗돌에는 다람쥐 발자국이 남기고 간 여운도 깔끔했다.

세 아이를 모두 서울로 보낸 나는 ‘빈 둥지 증후군’으로 허전해하고 있었다. 그럴 줄 알았으면 작은딸이라도 붙잡아 둘걸, 후회를 했었다. 나를 닮아 키도 작고 마음도 여려서 늘 마음에 두고 다니는 딸이다.

딸이 어렸을 적에 음식을 잘 챙겨주지 못한 점이

늘 미안하기만 했는데, 그래도 건강하고 밝게 자라준 아이가 고맙고 대견스럽다.

올여름에는 느닷없이, "엄마랑 같이 살게 되었어요." 하면서 요술 공주처럼 나타나 기쁨을 안겨주었다. 딸아이는 사私기업의 격무에 지친 나머지 공公기업에 다니기를 원했다. 고향에 돌아오고 싶지는 않았지만 울며 겨자 먹기 심정으로 내려왔다. 언니를 서울에 혼자 남겨두고 그동안 사귄 친구들과도 헤어지려니 조금은 섭섭한 모습이다. 그래도 고향이라 안심이 되는 모양이다.

세심한 아이는 부모의 표정부터 먼저 살핀다. 출근하면서 나의 일상에 관심을 보이기도 한다. 적적했던 집에 날아온 도토리 같은 딸아이의 온기에 상쾌한 바람이 일어나기 시작했다.

나무숲이 우거진 탐라계곡에는 단풍이 햇살을 받아 곱게 빛나고 있었다. 나뭇잎 사이로 보이는 하늘이 맑고 투명하다. 수풀 속에서는 노루 한 마리가 낙엽을 밟는 소리가 들린다. 가을바람에 우수수 소리를 내며 낙엽이 흩날린다. 초록에서 단풍으로 바뀐 단풍나무는 변화를 좋아하는 나의 모습과도 닮았다.

딸은 무엇보다 좋은 인연을 만나야 할 텐데……. 무거운 마음으로 숲속을 걸으며 나무에 물어보기도 했다.

숲의 망토인 넝쿨손, 솔비나무, 졸참나무나 단풍나무도 땅속에서는 뿌리를 서로 뻗으려다 부딪치기도 하였을 테고, 나뭇가지들도 맞대고 있지만 서로 의지하며 어울려 살아가는 모습이 아름답기만 하다. 거친 바람에 상처가 나고 강풍에 쓰러진 나무도 보인다. 그래도 제자리를 지키고 있는 나무들처럼 꿋꿋한 모습으로 살아갔으면 좋겠다.

"하늘은 특별한 사람과 가까이하지 않는다. 그저 늘 착한 사람과 더불어 산다天道無親常與善人."라고 한 《도덕경》의 말씀을 위안으로 삼아본다.

가을이 가기 전에 딸에게도 좋은 인연이 다가오기를 손꼽아 기다린다. 햇살을 받은 나무들도 신이 났는지 한껏 피톤치드를 내뿜고 있다. 나뭇가지에 앉아있는 까치가 반가운 소식을 전해줄 것만 같다. 딸에게 들려주고 싶은 어느 시인의 말이 생각난다.

누군가에게 마음을 빼앗겨야
사막을 움직일 수 있다고
사랑하면 더 많은 별이 보인다고.

작은딸 앞에 떨어진 도토리가 행운을 보여주기라도 하는 것일까. 엄마의 소원을 들어주기라도 하듯 누군가 던져줬다면서 손바닥에 올려놓고 신기해하는 딸의 모습이 곱기만 했다. 도토리 한 알을 낙엽 위에 올려놓고 보물처럼 여기며 카메라에 담았다.

한 알의 도토리가 이 숲속에서 참나무로 다시 태어나기를 기원하며 계곡을 내려왔다.

지팡이

오랜만에 시골집에 들렀다. 돌담과 팽나무로 울타리를 두르고 있는 우영팟*에는 귤나무들이 싱싱한 모습으로 여전히 반긴다. 흙냄새도 포근하다. 부모님이 돌아가시고 형제들도 모두 떠나버린 종갓집 텅 빈 마당엔 새들이 놀다 간 흔적만 남아있어 적막하다. 귤나무는 일제강점기에 부모님이 심은 나무라 망구望九를 넘겼어도 태양을 닮은 귤을 주렁주렁

* 우영팟: 텃밭, 제주어.

달고 있는 모습이 사랑스럽다.

대청마루에 앉아 “허허, 껄껄”하고 호탕한 목소리로 반기던 시아버님의 목소리가 들려오는 듯하다. 마당을 한바퀴 둘러보고 곳간에 들어가 보았다. 아버지가 짚고 다녔던 지팡이가 쓸쓸히 나를 기다리고 있었다. 중풍을 앓고 나서 한쪽 다리가 마비된 후에 지팡이를 짚고 다니던 아버님의 모습이 눈에 선하다.

부모님과 같이 살지는 않았지만, 집안에 관혼상제가 있을 때마다 시골집에 갔다. 아버님은 교직생활을 그만두고 귤나무를 가꾸며 살다 돌아가셨다. 호탕하고 활달하셨으나, 술을 드시는 날이면 술기운이 불러온 큰 목소리가 동네의 고요를 깨뜨리곤 했다. 하지만 큰며느리인 내 말은 잘 들어주셨다. 며느리 앞에서 실수라도 할까 봐 무척 조심하는 모습을 보면서 잘해 드리려고 했다. 딸들은 “우리 어멍 아방*은 아들밖에 몰라.” 하면서 서운한 마음을 내비치곤 했다. 뿔뿔이 흩어진 형제들을 생각하면 만감이 교

---

* 어멍, 아방: 어머니, 아버지 제주어.

차한다.

여자로 태어난 숙명의 짐은 크다. 결혼하면 생면부지의 분들과 한 가족이 되어 낯선 환경에 적응하며 살아가야 한다. 참으로 고달픈 인생의 시작이기도 하다.

이십대에 초임교사로 발령을 받아 순수한 아이들과 즐거운 학교생활을 하고 있을 때였다. 어느 봄날, 친정아버지로부터 종로서적센터 앞으로 나가보라는 연락을 받고 별 생각 없이 갔다. 그 만남으로 인해 남편과 결혼하게 되었고 나는 아버님과 한 가족이 되었다.

알 수 없지만, 한집에서 태어나기 위해서는 7영겁의 인연이 필요하고, 특히 부부로 맺어지는 인연은 8영겁의 인연이 있어야 한다. 형제간의 인연은 9영겁의 인연이 필요하며, 부모와 스승의 인연은 1만겁의 인연이 있어야 한다고 불가에선 말한다. 이 얼마나 소중한 인연들인가.

아버님은 다혈질인 성격인데도 나에게만은 각별한 사랑을 아낌없이 베풀어주셨다. 나는 바라던 손자를 안겨드리지 못해서 송구스럽기만 하였다. 두 딸을 낳은 나에게 "며느리야, 며느리야……." 간절한 소망을 말하다가 그만두기를 반복하셨다. 당신도 딸을 다섯이나 두셨기에 내 속을 이해하면서도, 종갓집이어서 대를 이어야 한다는 봉건적인 사상이 투철한 분이셨다. 나는 두 손 모아 하늘만 올려다보곤 했다.

간절한 기도가 하늘에 닿아 삼신할머니가 도와주셨을까. 서울에 살 때 아들을 낳게 되었다. 두 딸을 낳을 때는 쳐다보지도 않던 아버님이 아들을 낳자 불편한 몸을 이끌고 먼 길을 단숨에 달려오셔서 안도의 숨을 내쉬셨다. 그 모습을 보며 내 가슴도 쓸어내렸던 일을 잊을 수가 없다.

종갓집 맏며느리 숙제가 중했기에 내 삶은 직업마저 접고 가사에 전념하며 살아온 세월이었다. 나는 그래야만 하는 줄 알고 순종하며 살아온 나날이었지만, 자녀들 세대는 사뭇 다르다. 결혼해도 아이를 낳는 데 소홀한 세상이고, 결혼에 비중을 그리 두지 않는 걸 보면 격세지감을 느끼게 된다. 그래도 성년이 된 내 자녀에게 좋은 인연이 맺어지기를 바라는 마음이 간절하다. 만약에 아버님이 살아계셨다면 불호령이 떨어졌을 것이다.

아버님이 불편한 몸을 지팡이에 의지하며 간신히 생을 이어가던 어느 날이었다.

"나 죽으민 어멍은 어떵할 거니. 할망을 부탁한다."고 한 마지막 말씀에,

"네, 아버님, 걱정하지 마셔요. 어머님은 제가 잘 모시겠습니다." 했더니 안심한 듯 고개만 끄덕끄덕하며 조용히 눈을 감으셨다. 아버님의 모습과 목소리는 내 기억 속에 생생히 남아있어 지금도 대청마루에 앉아 계신 것만 같다.

인생길에 의지할 수 있는 지팡이는 어떤 것들이 있을까. 부모님, 친구, 배우자, 자녀, 신앙, 일……. 자신이 선택한 지팡이도 있고, 하늘이 내려준 지팡이도 있다. 인생길에서 좋은 지팡이를 얻을 수 있는 것은 큰 행운이리라.

이순耳順을 바라보는 나이에 수필은 나에게 하늘이 내려준 지팡이다. 내 인생에서 수필지팡이를 짚

고 글밭을 가꾸는 일은 자리이타自利利他할 수 있는 길이 되리라.

아버지 지팡이와 수백 년 된 팽나무와 귤나무가 조용한 종갓집을 지키며 무상한 세월만 흐른다. 프랑스로 유학 간 아들은 언젠가 돌아오면 이곳 고향집에서 살겠다는 말을 자주 했다. 지팡이를 바라보며 말을 건네 본다.

"아버님! 손자가 프랑스에서 돌아오면 고향 집을 잘 지켜나갈 거예요."

어디선가 날아온 까치 한 마리가 화답이라도 하는지 반갑게 지저귀고 있다.

종부宗婦의 숙제

시아버님 술 드시는 날이면 "며느래야, 느래야!"
급히 불러놓고는 말끝을 자주 흐리셨다.
두 딸을 내리낳은 내가 그 속내를 모를까.
성격이 활달한 아버님은 당신도 다섯 딸 두었으니
내 심정 이해하고도 남으리.
종갓집 일을 치를 때마다 눈치 보는 나에게
시어머님도 못을 자주 박으셨다.
"아들을 낳을 때까지 낳아야 하느니."

하늘만 쳐다보았다.

삼신할머니가 아들을 점지해 주셨는지
열 달을 품었다가 "축하합니다. 아들입니다."
비몽사몽 간에 들리는 그 한마디에
먹장구름을 뚫고 날아오르는 기분이었다.
종갓집 맏며느리 긴긴 숙제 끝내던 날
시부모님 만면엔 미소 가득하였지만
친정어머니 얼굴엔 눈물 가득 흘렀다.

그 귀둥이 올해 입대할 나이가 되자
정초에 조부모님 산소에 성묘하고 오더니
무언가 마음이 놓인다 놓인다고 했다.
"고생했다. 큰일했다."
"그동안 한 말 마음에 두지 마라."
어디선가 귀에 익은 목소리 합창처럼 들리는 듯했다.
종갓집 마당엔 아침부터 함박눈이 한창이다.

큰엉의 파도 소리

1.

바다, 고향 바다가 나를 부른다. 내 고향 바다 큰엉*은 해안 동굴 안에서 울려오는 우렁찬 파도 소리를 들을 수 있는 바닷가이다. 나는 파도 소리가 그리운 날이면 종종 큰엉 바다에 찾아간다. 어머니 품 같은 큰엉에서 망망대해의 수평선을 바라보면

---

* 큰엉: 지명地名. 절벽에 뚫린 큰 바위 동굴이라는 뜻의 제주어.

막혔던 가슴이 시원스레 뚫리고 평안해진다.

서귀포에서 성산포 가는 방향으로 이십여 분 드라이브하면 남원南元이 나온다. 제주올레 5코스 중에 남원 신성동이라는 작은 마을이 있다. 내가 열다섯까지 살았던 귤 향기 짙은 고향이다. 대부분의 친척이 이곳에 살고 있어서인지 온정이 흐른다. 바닷가에는 큰엉이라는 '남원 해안경승지'가 있다.

큰엉은 절벽에 있는 큰 바위 동굴을 뜻하며, 바닷가나 절벽에 뚫린 바위 그늘(큰 언덕)을 일컫는 제주 방언이다. 해안을 따라 나 있는 1.5km의 산책로에는 기암절벽 위의 숲길에서 파도 소리를 들을 수 있는 매력적인 풍광이 펼쳐진다. 해안 절벽 위에서 내려다보면 갯바위에서 낚시를 즐기는 강태공들의 모습도 볼 수 있다.

어릴 때 절벽 아래에 내려가 보말을 잡으면서 놀곤 했었다. 숨은 비경이었으나, 몇 년 전에 대형 리조트가 들어오고 민박집이 몇 채 생겨나더니 이젠 여행객을 종종 볼 수 있다.

오늘은 팔순을 넘긴 아버지와 함께 큰엉에 왔다.

학창시절, 희미한 기억이 떠올라 아버지한테 듣고 싶어서이다. 1976년은 큰엉 해안 절경이 고난을 겪은 해였다. 서귀포 항구 축조공사에 쓰려고 다이너마이트를 터트리며 절벽을 깨뜨리는 폭발음에 가슴을 졸였던 기억이 되살아난다.

서쪽 부분의 경관은 모두 부서져 버렸고, 하마터면 지금 남아있는 부분도 파괴될 위기에 처했다. 아버지는 동네 주민들과 합심하여 공사 중단을 호소하는 진정서를 청와대에까지 냈다. 다행히 축항공사를 위한 암석 파괴는 중단되고, 지금의 반쪽은 살릴 수 있었다. 절벽이 파괴되어 볼품없는 서쪽 큰엉을 아버지와 나는 애석한 마음으로 바라보았다. 부서지고 파헤쳐지고 망가진 곳이 어디 이곳뿐이랴.

비통한 세월을 남긴 1970년에 침몰한 남양호를 기억하는 이가 있을까. 나는 열두 살 적에 일어났던 남양호 사건을 생생히 기억하고 있다. 서귀포에서 부산으로 운항하던 정기 여객선 남양호는 하교 시간이면 큰엉 앞바다를 통과하면서 뱃고동 소리를 크게 울리곤 했다. 그 연유는 바다 한가운데서 바라본 큰엉 경치가 무척 아름다워서였다고 한다. 갑판 위에 서 있는 승객들을 향하여 손을 흔들면 그들도 환호하였다. 육지를 향해 떠나는 남양호를 시야에서 사라질 때까지 바라보곤 했다. 그 여객선의 침몰은 온 섬을 통곡하게 했다. 그 이후로는 이곳에 여객선은 운항하지 않고 있으나, 상선이나 고깃배는 볼 수 있었다. 오늘은 그 배들마저도 쉬는지 고요한 바다이다.

아버지와 다정히 큰엉 올레길을 걸어본다. 새들이 지저귀고 들꽃과 나무들이 진한 향기를 내뿜으며 내 마음을 사로잡는다. 중학 시절에 소풍 장소였던 이곳에서 친구들과 놀았던 추억이 되살아난다. 수많은 세월 동안 바람과 파도가 조각한 암석들의 모양이 신비경을 이룬다. 인디언 추장 얼굴 바위, 호두암, 유두암 등 암석들의 모습도 다양하다. 무시무시한 우렁굴(쇠 떨어지는 고망)이 있다. 방목한 소들이 그늘을 찾아 숲속으로 들어왔다가 바위 틈에 크게 뚫려있는 구멍으로 떨어져 죽었다 하여 '쇠 떨어지는 고망'이라고 불리고 있다.

벼랑 위에 해국과 쑥부쟁이가 피어있어 정다운 친구를 만난 듯 반갑다. 모진 해풍을 잘 견뎌낸 우묵사스레피(까끄레기나무), 보리수나무, 곰솔의 의연한 모습을 보니 고향 친구들의 얼굴이 아른거린다. 이곳에 오면 무상의 행복을 마음껏 누릴 수 있으리라.

걷다 보면 신비한 숲길이 나온다. 나무들이 서로 어우러져 한반도 지형을 그리고 있다. 나무들은 서로 손을 꼭 잡기도 하고 몸을 맞대기도 하면서 강풍에도 흔들림이 없다. 이곳에 한반도 모형을 만들고 있는 신의 뜻은 무엇일까. 순한 세상이 흘러 무탈하기를 빌어본다. 태풍이 불어오면 거센 풍랑이 일어 두려움을 줄 때도 있지만, 청정한 바다를 그냥 바라볼 수 있는 것만으로도 충분하다.

갯바람에 밀려온 파도가 절벽에 부딪히며 들리는 해조음에 발길을 멈춘다. 쏴~~철썩! 쏴~~척! 파도 소리가 나의 심금을 울린다. 마음에 쌓였던 체증이 싹 사라지며 다시 활력을 얻는다.

2.

정유년丁酉年 3월 15일, 부모님이 금강혼을 맞이한 날이라 온 가족이 모였다. 오늘은 금강혼을 맞이한 부모님을 모시고 동생과 함께 큰엉에 찾아왔다. 어머니는 힘든 발걸음을 옮기면서도 꽃다발을 안고 미소를 지었다. 부모님의 얼굴도 햇살을 받아 큰 바위 얼굴처럼 빛났다.

육십 년을 동고동락한 부모님의 모습을 큰엉에서 바라볼 수 있는 것만으로도 감회가 깊었다. 2남 2녀 사남매에 손자손녀를 열 명이나 두신 부모님은 늘 자애로운 모습이지만, 오늘은 유난히 고운 날이었다.

지난해엔 어머니가 생사의 경계를 여러 번 넘나들었다. 어머니는 투병하느라 무척 고생하면서도 아픈 내색을 감추고 초연한 모습이었다. 천성적으로 인자한 아버지는 우리에게,

"고맙다! 형제간의 우의를 돈독히 하며 화목하게 살아가기를 바란다."라고 당부의 말씀을 하셨다. 온

가족이 많은 박수를 보냈다. 부모님의 만수무강을 빌었다.

파도 소리가 어느 시인의 〈섬〉이라는 시를 생각나게 한다.

물 울타리를 둘렀다
울타리가 가장 낮다
울타리가 모두 길이다

큰엉의 파도 소리에 귀를 기울여본다. 울체가 심한 날엔 큰 북소리로, 울적한 날이면 징 소리로, 슬플 때는 통소나 피리 소리로, 기쁠 때는 가야금이나

피아노를 연주하는 소리처럼 들린다. 파도 소리를 들으면 내 영혼도 청정한 바다처럼 영롱해진다. 큰엉의 파도 소리는 내 삶의 원동력이다.

주스 한 잔

팔순을 넘긴 부모님이 계신 고향 집
푸르렀던 세월이 이젠 무채색이다

점심을 잡수신 아버지
싱크대 앞으로 가신다
"아버지, 무얼 햄수꽈?"
"할망은 내가 갈아주어야만 먹는다."
해맑은 미소를 지으며

알로에를 잘라 요구르트와 함께 믹서에 넣어
드르륵 갈았다

아버지 마음이 녹아든 주스 한 잔
어머니 입가에 미소가 피었다.

오빠와 나비

사촌 오빠의 장례를 치르고 왔다. 향년 64세. 한 달 전에 안부를 전했었는데 병원에 입원했다는 소식을 들은 지 보름 만이었다. 오빠는 어릴 적부터 나를 많이 아껴주었고 대화도 잘 통하는 사이였다. 나의 든든한 울타리였던 오빠를 오늘 고향에 묻고 왔다.

오빠가 약국을 운영하고 있어서 나는 아이가 아플 때마다 달려가곤 했었다. 약국을 운영하다가 의약분업이 되면서 경쟁에서 밀리자, 가게 터를 나에게 물려주고 강화도로 떠난 지 5년의 세월이 흘렀다. 서로 바쁘다 보니 만나지도 못하고 통화만 몇 차례 주고받았었다. 요즘 수필 공부를 하고 있다는 말에 격려를 해주던 생생한 목소리가 마지막 말이 되었다.

작년부터 소식은 들었지만 이렇게 빨리 세상을 뜰 줄은 몰랐다. 살다 보면 여러 인연을 맺고 살아가게 된다. 그들과 관계를 맺으며 살아가는 것이 인생이 아닌가 싶기도 하다. 혈연과 지연, 학연, 그리고 우연과 필연이 점철된 수많은 인연들. 그중에는 자석처럼 강하게 끌어당기는 인연도 있었고 서로 밀어내는 인연도 있었으나, 그들과 만남이 소중한 것은 그것이 내 삶의 일부분이 되었기 때문이다. 집안에 들어온 사소한 물건이나, 마당의 돌멩이 하나, 꽃과 나무, 풀 한 포기도 나와 인연이 없다면 만날 수 없었을 것이다.

오빠와 나는 혈연지간이지만 특별한 인연이었다. 며칠 전 간 이식 수술을 받았다는 소식에 이상한 예감이 들어 자꾸 눈물을 훔쳤었다. 어젯밤 영면 소식에 마음 둘 길이 없어 한동안 집안을 서성였다. 그동안 여러 사람의 죽음을 보아 왔지만 이렇게 마음으로 울어본 적은 없었다. 내가 힘들어할 때 밝은 목소리로 위로해 주던 오빠의 음성이 들리는 것만 같았다.

가족 공동묘지에 안장하는 모습을 지켜보면서 내 감정도 잠시 무너져 내렸다. 아들 결혼식을 한 달 남겨두고 눈을 감은 오빠를 어떻게 쉬 떠나보낼 수 있단 말인가. 교회에서는 장로에 임직되어 기도 생활도 충실하고 신앙심도 깊었건만, 그를 급히 데려간 하늘의 뜻을 알 수가 없어서 묘지를 내려오며 하늘을 몇 번이고 올려다보곤 했다. 그동안 베푼 덕이 많았던지 문상객 중에는 눈물을 보이는 사람도 많았다.

장지에서 목사님이 마지막 기도를 올리는데 신비롭고 놀라운 광경이 펼쳐졌다. 어디에서 날아왔는지 노랑나비와 잠자리 떼가 너울너울 군무를 추고 있는 게 아닌가. 신은 자연을 통하여 말씀을 전한다고 했던가. 아둔한 내가 그 뜻을 알아차릴 수는 없었지만, 오빠의 영혼이 잠시 노랑나비로 환생한 것이라고 믿고 싶었다. 그 흔한 까마귀는 한 마리도 얼씬거리지 않고 노랑나비 떼와 잠자리 떼가 춤을 추다니……. 외경심이 일면서 그 순간 어떤 확신 같은 믿음도 찾아왔다. 가녀린 한 영혼이 그가 믿던 천국으로 날아갔을 거라고.

장례를 치르고 내가 운영하는 가게로 왔을 때, 그곳에도 하얀 나비 한 마리가 날아와 맴돌고 있었다. 그 현묘한 상황에 섬뜩한 기분마저 들었다. 지금도 그것이 우연의 일치였는지, 아니면 혼령과 만남이었는지는 알 수 없으나 오빠의 영혼이 여기까지 찾아와 하직 인사를 하는 것만 같았다. 이곳에서 약국을 여러 해 동안 했으니 그럴 만도 하지 않은가.

희한한 상황은 거기서 그치지 않았다. 가게에서 돌아와 현관 문을 열려는데 이번에는 호랑나비 한 마리가 문 앞에서 너울대고 있지 않은가. 오빠의 영혼이 나를 따라와 초혼제를 올리고 있다는 느낌마저 들었다. 얼마나 이승을 떠나고 싶지 않았으면 그가 살던 곳이며, 피붙이의 집 앞에서 이별 의식을 치르는가. 망연자실하여 우두커니 서서 바라보다가 문을 여는 순간 어디론가 훨훨 날아가 버렸다.

날아가는 나비의 뒤태를 지켜보다가 신기하게도 신경숙의 〈엄마를 부탁해〉의 한 장면이 떠올랐다. 구 개월 동안 찾아 헤맨 실종된 엄마의 영혼이 새로 환생하여 가족들과 집안을 훑어보며 하직 인사를 하는 장면과 겹치면서 현관 문을 닫을 수가 없었다. 강화도로 놀러 오라고 입버릇처럼 하던 오빠의 다감한 목소리가 들리는 듯해서였다.

그날 저녁, 밤하늘을 오랫동안 올려다보며 눈시울을 적셨다. 별들이 분주하게 반짝이고 있었다.

선비화

선비화仙扉花를 만났다. 난생처음 보는 꽃이다. 신록이 풍성한 오월, 부석사로 올라가는 길에서 선인들의 발자국을 따라 은행나무의 싱싱한 향기에 젖어 일주문 안으로 들어갔다. 무량수전에서 삼배를 올리고 선묘각을 지나 뒤편에 있는 조사당으로 올라갔다. 조사당엔 선비화가 노랗게 피어있었다. 한 뿌리에서 뻗어 나온 가지에 핀 꽃들인데도 모양이나 크기가 조금씩 다르지만, 한데 어우러져 피어있는 모습이 신비스럽다. 선비화와 눈 맞춤한 순간 저절로 두 손이 모아졌다.

부석사는 의상대사의 흔적이 살아있는 절이다. 천삼백여 년 전, 의상대사가 짚고 다녔던 지팡이를 부석사 조사당 처마 밑에 꽂아 놓으며, "지팡이에서 가지가 돋고 잎이 나고 꽃이 피면 무사히 살아 있다."고 여기라는 말을 남기고 먼 길, 인도로 떠났다고 한다.

그 이후로는 봄이면 잎이 돋아나고 꽃이 피었으나, 나라에 큰일이 닥치는 해엔 꽃이 피지 않았다고 한다. 구한말이나 일본강점기에는 꽃이 피어나지 않았지만, 해방되면서 삼십여 년 만에 피었다는 신령스러운 꽃이다.

'신선 집의 꽃'이란 뜻을 지닌 선비화는 원래는 콩과 낙엽관목인 골담초이다. 천삼백여 년을 조사당 처마 밑에서 비와 이슬을 맞지 않고서도 자란 나무이다. '사철 푸르고 잎이 떨어지지 않는다.' 하여 승려들은 비선화飛仙花라 불렀고, 퇴계 이황이 시 한 수를 짓고 나서 선비화仙扉花라 불리고 있다.

빼어난 옥 같은 줄기 빽빽이 절문에 비꼈는데
지팡이 신령스레 뿌리내렸다 스님이 일러주네
석장의 끝에 혜능 선사 조계의 물 닿아있는가
천지의 비와 이슬 그 은혜를 빌리지 아니했네

擢玉森森倚寺門
僧言卓錫化靈根
杖頭自有曺溪水
不借乾坤雨露恩

골담초는 신경통과 근육통에 효험이 있어 약재로 쓰이는 나무이기도 하다. 선비화 잎을 다려 마시면 아들을 낳는다는 속설 때문에 여인들이 잎을 마구 따가는 바람에 철창으로 보호하고 있어서 안타까웠다.

촘촘한 철창 안에 피어있는 선비화를 들여다보았다. 조그마한 노란 꽃잎이 다소곳이 아래를 바라보며 명상에 잠겨 있는 듯하다. 의상대사와 선묘 낭자의 사랑 이야기가 모셔진 선묘각을 지나온 터라, 벽화에 그려진 설화를 생각하면서 선비화와 한동안는 맞춤했다. 독특한 꽃향기와 노란빛에서 풍겨오는 순수하고 따뜻한 기운이 기쁨을 안겨주었다.

왠지 나에게도 행운이 찾아올 것만 같았다. 유조선 기름 유출 사고, 여객선 침몰 등 불행한 사건들이 연날아 일어나 온 세상이 슬픔에 잠겨 어두운 요즘이다. 참혹한 현실에 선비화의 향기가 희망을 밝혀주는 듯했다.

선비화는 여인들이 모여 앉아 기도하는 모습 같기도 하고, 은하수에서 내려온 별들처럼 보이기도 했다. 꽃향기는 경내에 걸린 연등에 이는 바람을 타고 온누리로 퍼져나가는 듯했다.

세상 곳곳마다 숨어서 피는 꽃이 있기에 이 세상은 아름다운가. 자신의 안락한 삶을 버리고 여성의 피난처인 '쉼터'를 운영하는 친구, 수도자의 길을 가고 있는 친구, 요양원에서 사랑의 불씨를 심는 친구들, 학교나 병원, 관공서, 자신의 일터……. 주어진 자리에서 애쓰면서 숨어 피는 꽃들을 볼 때마다 그들의 사랑과 열정에 감동하곤 한다. 존재하는 것 자체가 아름다움이고 맺혀있는 땀방울이 숭고하다.

어느 예술가가 들려준 말이 선비화 향기처럼 내 마음에 채워진다.

“가장 위대한 예술은 사랑이다.”

미황사의 달빛

저녁 예불을 마친 미황사에서
금강 스님과 세심전 마루에 앉아
해 지는 서쪽 하늘을 바라본다
노을 풍경에 잠시 집중한 시간
온종일 들끓던 내 안의 언어들은 스러지고
깊은 침묵의 언어들이 나를 에워싼다

그 황홀한 풍경에 잠긴 나

텅 빈 마음에 채워지는 순수의 빛
천년 역사를 간직한 미황사에
차곡차곡 쌓인 영겁永劫의 언어는 알 수 없어도
지금, 여기, 당신과 동행함을 깨달으며
“관세음보살, 관세음보살”
합장하며 노을빛에 물들어 간다

오늘도 태양은 지구 저편으로 넘어가고
달마산 위엔 맑고 둥그런 달이 떠올랐다
당신을 닮은 선한 달빛이 내려앉은 미황사의 밤
자비의 물결이 솔숲 향기로 흐르고
이름 모를 풀벌레들의 청아한 독경 소리에
무거운 몸을 뒤척이다 새벽을 맞는다.

제3부
두물머리

두물머리

두물머리를 향해 길을 나섰다. 지난여름, 문우들과 함께 들른 적이 있으나 아쉬움이 남아 다시 찾아가는 중이다. 홀로 집을 나서는 나에게 큰딸은 염려스러운 눈길을 보냈지만, 마냥 기대를 안고 떠나는 발걸음이어서 설레기도 한다. 얼마만의 해방감인가.

상도동에서 7호선 지하철을 타고 상봉역에서 내려 중앙선으로 갈아탄 나는 등산객들 틈에 섞여 운길산역에서 내렸다. 이번엔 운길산에 올라가 수종사에서 두물머리 풍경을 감상하려고 택시를 탔으나, 택시기사가 험한 산길이라 꺼리는 바람에 하는 수 없이 수종사를 포기하고 두물머리로 향했다.

두물머리에는 연꽃이 한창이었다. 황포돛배는 오늘도 돛을 내리고 여전히 그 자리를 지키고 있고, 여행객들은 삼삼오오 짝을 지어 풍경을 스마트폰에 담고 있었다.

이곳은 북한강과 남한강이 합류해 한강을 이루는 두물머리이다. 북한강은 금강산에서 시작하여 철원, 화천을 지나 흐르다가 양수리에서 남한강과 합류한다. 남한강은 삼척 대덕산에서 시작해 서쪽으로 흘러 내려와선 양수리에서 북한강과 합류한다.

이렇듯 험한 계곡을 따라 내려와 이곳에서 만난 강물들의 포옹이 눈물겨울 것만 같다. 여기까지 흘러오는 동안 얼마나 많은 시련을 겪었을까마는 내색하지 않고 조용히 하나 되어 흐르고 있는 모습이 비장하게 느껴지기도 한다.

물속을 들여다보니 수많은 물고기 떼들이 몰려다니다가 인기척을 듣고 내 앞으로 다가온다. 커다란 잉어 한 마리가 나를 반긴다. 무슨 할 말이라도 있는지 꼬리를 흔들며 다가와 입을 벌렸다 오므렸다 한다. 강물은 고요한 호수 같지만, 물고기들의 몸짓에서 세찬 물살을 느낄 수 있다. 뒤에서 흘러오는 물이 밀고, 앞의 물이 이끌어준 덕분에 큰 강물이 되어 흐를 수 있는 것이 아닐까. 서로 의지하고 격려하면서 흐르고 있는 모습이 정겹다. 강물의 속사정은 알 수 없지만, 만남의 회포를 풀면서 자연스럽게 한 몸이 되어가는 중이리라.

사백여 년 동안 이곳을 지켜온 느티나무 그늘에 앉아 강 건너의 울창한 숲을 바라본다. 숲과 강이 어우러진 이곳, 지극한 즐거움인 극락極樂이 숨어있는 듯하다. 누구나 꿈꾸는 세계인 유토피아가 이런 곳일까.

지금 내 앞에 보이는 자연도 때가 되면 이슬처럼 사라질 테지만, 이 순간은 무한한 빛을 뿜어내며 하나의 세계를 이룬다. 나도 두물머리 풍경 속의 한 점이 되어 서 있다. 강물에 잔물결이 일렁이며 아지랑이가 피어올라 신령스러운 기운마저 감돈다.

겸재 정선의 그림 〈독백탄〉의 모형 앞에 섰다. 족자섬, 족자 여울과 주변 풍경이 선명하게 그려져 있다. 18세기 화가와 시공을 초월한 만남을 안겨주는 그림 한 장, 이 세상에 왔던 흔적을 남기고 간 화가의 모습을 상상해 보는 것도 즐겁다.

조선 후기에 살았던 이건필이 그린 산수화 〈두강승유도〉의 모형에서도 그 시절의 두물머리 풍경이 남아있다. 나룻배를 타고 강을 건너기도 하고, 고기잡이하며 풍류를 즐기는 선인들의 삶이 생생히 나타나 있다. 당시의 풍경이 한가롭게 그려져 있지만, 조그만 나룻배에 몸을 싣고 큰 강을 건너야만 하는 사람들의 심정은 오죽했을까. 물의 소용돌이에 휩쓸리지 않으려고 오로지 물과 하나 되어 무사히 건널 수 있기를 바라는 마음이 간절했으리라.

나를 이곳에 다시 찾아오게 한 연유를 알 것 같다. 그것은 하나 됨의 사상이 아닐까 싶다. 인간은 각기 홀로 태어나 두물머리 강물처럼 만나 함께 살아가다가 다시 홀로 떠나는 여행객이 아닐까. 두물머리 강물에 손을 담그자 따스함이 느껴졌다. 이것이 하나 됨의 풍경이 아닐까 싶어 손바닥으로 강물을 떠서 입술에 갖다 대며 주위를 둘러본다. 풍광에 매료된 나는 잠시 환상의 세계에 들어온 듯한 기분으로 눈을 감고 강바람을 맞는다. 온몸을 파고들며 감싸안아주는 공기의 손길도 따뜻하다. 홀로 왔어도 홀로가 아닌 충만한 기쁨이 차오른다.

느티나무, 황포돛배, 고인돌, 족자섬, 운길산, 잉어, 안타레스, 잔물결 등 두물머리에서 만난 소중한 인연들…….

이제 헤어지면 언제 다시 만날 수 있을까.

내 마음에도 강물이 흐르고 산뜻한 바람이 불어온다.

그대 이름은 바람

입추가 돌아왔다. 입추는 가을바람을 내 뜰에 모시고 왔다. 바람은 감나무, 단풍나무, 소나무들의 주변을 맴돌면서 축 늘어진 나뭇가지를 흔들고 있다. 나무는 바람에 흔들거리더니 생기가 돌기 시작한다. 나도 폭염에 지쳐 있다가 어디선가 불어온 강쇠바람에 숨통이 트인다.

한바탕 나무들과 놀던 가을바람은 어디론가 홀연히 사라져버렸다. 뜰은 다시 고요해진다. 그대는 바람으로 내 곁에 왔지만, 나는 우물쭈물하다가 그대

시선을 놓치고 만다. 그대가 부드러운 숨결로 나를 감돌고 있다는 걸 알아차릴 뿐이다. 나를 스치고 지나가는 미풍이 감미롭다.

이 세상의 땅과 하늘 사이에는 대공大空이 있다. 대공 안에는 '와유(마루뜨)'라는 바람의 신이 있어 땅과 하늘을 이어준다고 한다. 그대는 형태가 없는 부드러운 바람의 숨결로 찾아온다. 나는 바람으로 온 그대가 신이며, 곧 진리라고 믿는다.

그대가 없으면 나는 숨을 쉴 수가 없음을 안다. 길을 걷다가 한 줄기 시원한 바람이 불어오면 그대임을 알고 내 안으로 맞이한다. 그 순간, 그대와 나는 하나가 된다. 나도 미풍처럼 순한 얼굴이 된다.

세상은 바람과 함께 왔다가 바람처럼 사라지는 존재들의 집합 장소이다. 바람에 기대어 바람을 호흡하며 바람의 얼굴로 살아간다. 언제나 바람처럼 살고 싶은 꿈을 꾼다.

바람으로 온 그대의 모습은 다양하다. 나는 철마다 느낌이 다른 바람을 반갑게 맞이한다. 봄바람, 꽃바람, 실바람, 마파람, 소슬바람, 하늬바람, 높새바람, 회오리바람, 태풍……. 그대는 만물을 생성하기도 하고, 한순간에 파괴하기도 하는 전지전능한 신이다.

바람의 섬 제주에는 바람의 신이 절대적이다. 음력 2월이면 제주에 내려오는 영등할망이 있다. 영등할망은 바람의 신이며, 바다를 다스려주는 신이다. 영등할망은 음력 2월 초하루에 제주 하도리, 종달리로 오셔서, 2월 보름날에 종달리를 거쳐 우도를 통해 하늘로 올라간다. 이 기간에는 예측할 수 없을 만큼 변덕스러운 날씨와 혹한이 계속된다. 뼛속까지 시린 어머니는 "영등할망이 내려와부난 추웜져(영등할머니가 내려와서 춥다.)."라고 말했지만 나는 무슨 영문인지 몰랐다. 이젠 바람의 실체를 알게 되었다.

제주에는 태풍이 잦아 바람의 신인 영등할망을 위하여 음식을 차려놓고 굿을 하며 잘 대접한다. 해마다 음력 2월이면 영등할망을 맞이하기 위한 '신神바람축제'가 제주도 일원에서 펼쳐진다.

올봄에 문우들과 함께 우도에 놀러 갔다. 마침 영등할망이 나가는 2월 보름날이었다. 우도초등학교에서 영등할망 송별굿을 벌이고 있었다. 우리 일행도 흥겨운 장단에 어우러져 덩실덩실 춤을 추며 영등할망과 송별하면서 평온을 기원했다.

여름철이면 바람은 한두 차례 폭풍으로 변하여 혼탁한 세상을 청소한다. 태풍이 온다는 소식을 들으면 두려움도 함께 몰려온다. 강력한 힘을 휘두르며 엄청난 파괴력을 지닌 바람의 모습을 종종 보면서 살아왔다.

나는 그럴 때마다 숨죽이며 무사히 지나가기를 기원한다. 이 풋내기의 기도가 그대의 사랑에 가닿기를 소망하면서. 사람들도 무탈하게 지나가기를 염원하며 태풍 이름을 지어 부른다. 나리, 볼라벤, 네파탁, 노루……. 태풍 이름에도 꽃 이름을 붙이면 고운 모습으로 변하겠다는 생각을 해본다.

그대는 무한한 공덕을 지닌 자비의 바람이기도 하다. 바람에 실려 온 꽃씨가 내려앉아 피어난 꽃들의 향기가 앞마당에 가득하다.

시원한 바람이 불어온다. 그대 이름은 소슬바람. 소슬바람에 꿈을 실어본다.

찔레꽃 붉게 피는

오월이 오면 찔레꽃 향기가 학창 시절을 그립게 합니다. 화선지에 뚝 떨어뜨린 물감처럼 번져오는 그리움들이 꼬리를 이어 일어나지요. 지나간 세월이 흑백영화처럼 스쳐 가는 장면들이 있지요. 문득 떠오르는 얼굴이 환영幻影이 되어 나타납니다. 삼십여 년 전의 시간으로 거슬러 올라가 봅니다.

학창 시절 놀이터였던 공주 금강 백사장이 펼쳐지며 따뜻한 친구들의 모습이 떠오릅니다. 어디서, 어떻게 살고 있을까? 아마도 지금쯤은 교감 선생이나 교장 선생이 되었을까? 꼬리에 꼬리를 물고 상상을 하다가 모 교육청 홈페이지를 방문하여 선생님 찾기를 해보았습니다. 반가운 이름을 찾았지요. 기쁜 마음으로 전화를 걸었어요.

"나 알겠니? 현○○야."

"알고말고. 어디에 있었니? 친구들 만나면 너 궁금해 하는데……."

"항상 내 옆에 있는 걸……." 하는 친구의 말을 들으니 찡한 전율이 온몸으로 흘렀습니다. 삼십여 년이란 세월이 한순간이라는 착각이 들 정도로 가까이 느껴졌습니다. 친구들 카페가 있다는 소식을 듣고 방문했습니다. "찔레꽃 붉게 피는 남쪽 나라 내 고향……."

친구들과 자주 불렀던 〈찔레꽃〉 과가科歌가 흘러나왔습니다. 노래를 듣는 순간 뜨거운 눈물이 두 뺨을 타고 하염없이 흘러내렸습니다. 지나간 추억과 그동안 살아온 삶의 여정이 파노라마처럼 펼쳐지면서 울컥울컥했습니다.

삼십여 년 전, 섬에서 뭍으로 가고 싶은 열망에 목포행 여객선 삼화호를 탔습니다. 망망대해를 건너 도착한 목포 항구에는 다도해 뱃사람들의 왕래가 잦고 불량배들이 많은 험난한 길이었지요. 갓 세상에 나온 사슴처럼 여고를 졸업한 나는 두려운 눈망울로 마음을 졸이며 호남선 열차를 타고 새로운 세상을 향한 길고 긴 여정을 시작했습니다.

호남선 열차는 차창 밖으로 펼쳐지는 바깥 풍경을 뒤로 보내고 기적 소리를 울리며 힘차게 달렸습니다. 낭만과 현실의 냉정함을 가득 싣고 미지의 세계로 끝없는 여행을 할 기세였습니다. 그 기찻길에는 쉬지 않고 기적을 울리며 퇴적한 시간이 차곡차곡 쌓여 있겠지요. 그 시절 기차는 아니겠지만 똑같은 길을 멈추지 않고 선로 위를 다니고 있을 호남선 열차가 그립습니다.

백제의 고도인 공주는 명성과는 달리 초라하고 조그만 도시였습니다. 산이 많아 갑갑하게 느껴지고 발전은 더디었으나, 내면에 흐르는 백제문화의 전통을 느낄 수 있었습니다. 말과 행동이 느린 점이 충청도 토박이 사람들의 특징인데 그들과 함께 생활하다 보니 나도 느림보가 되었지요.

온정이 많은 하숙집 아줌마와 언니, 친구들과 동네 어르신들도 참 좋은 기억으로 남습니다. 벼농사를 지어 먹을 것이 풍부했던 곳이라 동네 아줌마는 구수한 된장찌개, 시원한 나박김치와 동치미, 백김치와 쌀밥을 밥상 위에 올려놓고 "밥 먹고 가라."라는 인사를 자주 했습니다.

충청도 사투리에는 구수하고 깊은 정이 듬뿍합니다. 제주에서 온 나를 볼 때마다 각별한 인정을 베풀어 주셨던 분들의 은혜를 추억할 뿐 한번 찾아뵙지도 못한 무심한 세월을 어찌하지요. 그곳에 다시 가보고 싶어집니다. 사람과 거리의 모습은 많이 변했을 테지요. 금강은 예나 지금이나 변함없이 새로운 강물을 받아들이며 흐르고 있겠지요. 공주에서 보낸 학창시절은 해맑은 모습으로 꿈과 낭만이 가득했던 곳. 그 시절을 떠올려보는 것만으로도 행복해집니다.

아직도 교직의 길을 가고 있다면 지금의 나는 어

떤 모습일까요. 아쉬움이 그리움이 되어 공중을 선회합니다. 세상으로 들어가 평범한 주부로 살면서 나를 드러내지 않으려고 꽁꽁 싸매며 살아온 나날들이었지요.

이 그리움을 오색보따리에 담아두어야겠습니다. 찔레꽃 피는 오월이 오면 공주의 친구들과 목청껏 불렀던 〈찔레꽃〉 노래를 부르며 삼십여 년 전으로 시간여행을 떠나고 싶어집니다.

밤바다 풍경

어스름이 내려앉은 초저녁, 해안도로에 산책하러 나갔다. 황홀한 노을빛 저녁 바다엔 연약한 갈매기들이 자유롭게 날아다니고 있다. 해조음과 어우러진 갈매기의 비상을 보고 있노라면 마음껏 날아다니고 싶어진다.

벤치에 앉아 밤바다의 파도 소리를 들으며 내가 좋아하는 노래 〈밤배〉를 불러본다. 노랫소리를 듣고 잔잔한 물결 따라 물고기들이 몰려오는 상상을 해본다.

나는 바다가 무섭고 두렵지만, 갯내음이 신선한 고향 바다를 사랑한다. 파도 소리는 시원始原의 소리를 들려주는 바다의 환상곡이다. 파도가 밀려온다. 해변가에 모여 있는 조약돌은 파도를 두려워하지 않고 즐긴다.

등불을 매단 배 한 척이 고기잡이에 나서고 있다. 구슬땀을 흘리며 풍랑과 싸우는 어부들의 꿈은 수평선으로 번져나간다. 최전방에서 고군분투하고 있을 어부들의 모습은 생사가 오락가락하는 삶의 현장이리라. 어부들은 거친 작업을 끝내고 만선의 기쁨을 안고 돌아올 것이다.

망망대해에서 무언지 모를 싸한 기운이 돌며 눈물이 맺히고 슬픈 얘기를 들려주는 듯하여 목이 멘다. 수억 년 세월을 지켜온 바윗돌의 변함없는 모습을 볼 때마다 믿음이 가고 정겹다. 꿈같은 현실이 공존하는 바다가 가까이 있어 무한한 행복을 느낀다. 평상심을 잃지 않는 밀물과 썰물의 신비한 힘을 느낄 수 있다.

산다는 것은 저 파도처럼 서로 밀고 당김이 아니겠는가. 끌리는 대로 바람 부는 대로 흘러가고 싶어진다. 하늘의 별들도 물 위로 내려앉아 물놀이한다. 물결도 별빛, 달빛에 반짝인다. 바다에서 놀던 별들이 동이 트기 전에 하늘로 올라가 버리면 새날이 시작될 것이다.

파도 치는 바다의 거대한 생명력이 두려울 때가 있다. 북극의 빙하가 녹아내려 해수면이 올라가면 지구는 어떻게 될까.

스티븐 호킹 박사는 "30년 안에 지구를 떠나야 한다."라고 말했다. 기후 변화와 인구 증가, 소행성 충돌로 이제는 지구에 살 수 없을 것이라고 경고했다. 그래도 지구는 태양이 사라질 때까지 생존할 수 있지 않을까.

과학자들은 지구와 비슷한 환경인 화성이나 달을 탐사하고 있다. 우주선을 타고 가는 데만도 6개월 이상 걸리는 화성에 이주해서 살 수 있을지 연구 중이라고 한다. 인공지능을 지닌 로봇이 먼저 가서 사람이 살 수 있는 환경을 만들 것이라고 한다. 어릴 때 보았던 공상과학 소설에 나온 이야기가 현실이 되는 시대가 오고 있는 듯하다.

돌고래, 옥돔, 고등어, 소라, 전복……. 바다에 사는 생물들은 오직 사람들이 오수를 함부로 내버리지 않기를 바라고 있으리라. 거친 풍랑이 일어날 때마다 큰 소리로 우는 파도는 아픔을 호소하는 것만 같다.

미풍이 얼굴을 스치며 소금기를 풍긴다. 우리의 몸도 70%가 물이고, 지구도 70%가 물이 차지하고 있다. 물과 소금기의 적정한 비율은 몸과 지구를 건강하게 지켜주는 힘이다. 이 균형이 조금이라도 깨지면 고장이 나기 시작한다. 여태껏 심신의 건강을 지켜준 물과 소금이 감사하기만 하다.

파도가 밀려와 바윗돌에 부딪히며 물보라를 일으킨다. 바다를 보고 있노라면 무한한 포용력에 숙연해진다. 잠들지 않는 바다는 언제 보아도 생명력이 넘친다. 바다의 기운을 호흡하며 내 마음도 바다 빛으로 물들어간다.

밤바다 풍경에 잠겨 이 순간은 우주 속의 한 점,

세상을 모르는 물방울로 돌아가 본다. 순수한 마음이 되니 더 바랄 게 없다. 통통배 한 척이 밤바다 물결을 헤치며 나가는 소리에 사색에서 깨어난다.

"검은빛 바다 위를……."

또다시 흥얼거리는 나의 노랫소리는 어두운 바닷물에 잠기고 파도 소리만 들려온다. 고깃배의 불빛을 남겨두고 집으로 돌아오는데 파도 소리가 나를 부르는 것만 같아 자꾸 뒤를 돌아다보았다. 아름다운 지구별이 반짝거린다.

가시연꽃

봄비가 내린다. 지붕 위에 떨어지는 빗방울 소리를 들으며 앞마당으로 나가본다. 옹기 수반엔 겨우내 숨죽이고 있던 수련이 움트고 있다.

지난여름 문학기행을 다녀온 우포늪 생태관에는 가시연꽃에 대한 영상이 상영되고 있었다. 그 꽃을 보는 순간 첫눈에 반했다고나 할까. 내 마음속으로 쏙 들어와 안겨버린 꽃이다. 연꽃의 모양과 자태에 매료되어 한동안 넋을 잃고 바라보았다.

연꽃에 가시가 있다니……. 오직 보라색으로만 피어나는 매력적인 연꽃에 대한 궁금증이 나를 일깨운다.

전망대에 올라서서 우포늪을 바라보니 아득하고 먼 나라 같았다. 태고의 숨결을 지니고 있는 광활한 우포늪엔 흰 구름도 쉬어가고 햇볕도 따스하였다. 바윗돌과 거목들이 숲을 이루어 늪지를 둘러싸고 있었다. 온통 녹색 세상인 위로 하늘엔 고니가 한가로이 날아다니고 늪에는 파충류와 양서류를 비롯한 수많은 동물과 식물들이 산다.

내 시선을 빼앗은 가시연꽃은 수련과에 속하는 한해살이 대형 수생식물로서 세계적으로 보기 드문 1속 1종밖에 없는 꽃이다. 잎의 지름도 2m나 되고 꽃잎은 보라색으로 칠월과 구월 사이에 핀다. 씨앗은 위장병을 고치는 약재로도 쓰이고 천 년을 산다고 하나 물의 오염으로 멸종위기에 있다.

어찌하여 연꽃에 가시가 돋을까. 우포 가시연꽃 마을에는 '가시연꽃이 된 판바우와 바우덕' 전설이 전해 내려와 지친 마음을 달래주는 듯했다.

소목 마을의 판바우와 바우덕은 혼인을 약속한 사이인데도 새로 부임한 원님이 훼방을 놓았다. 국경에 오랑캐가 쳐들어오자 욕심 많은 원님은 억지로 판바우를 전쟁터로 보내고, 바우덕을 차지하려고 했다. 전쟁이 끝났다. 바우덕은 판바우가 전사했다는 소식을 듣게 되었다. 슬퍼하던 바우덕은 원님까지 괴롭히자 벼랑에서 떨어져 죽고 만다.

어느 날, 살아 돌아온 판바우는 바우덕이 죽은 사연을 듣고 충격에 빠져 시름시름 앓다가, 바우덕이 떨어진 그 자리에서 죽은 채로 발견되었다. 마을 사람들은 둘을 나란히 묻어주었다. 이듬해 여름 무덤가에 온통 가시로 둘러싸인 연꽃이 피었다. 사람들은 가시연꽃이라 부르고 '판바우와 바우덕의 사랑'이 맺어진 꽃이라 여겼다고 한다.

애절한 사랑의 아픔을 품고 피어났다는 그 꽃을 보고 있노라니, 한 줄기 빛 같은 생각이 스쳐 갔다. 가시는 남을 해치려는 것이 아니라 자신을 보호하기 위한 방패라는 것을. 때론 가시가 자신의 삶을 보호해주는 힘이 된다는 사실에 정신이 번쩍 들었다. 내 시선을 빼앗아 발길을 멈추게 하고 그 꽃의 가시를 화두로 사색하게 되었으니, 가시에 마력魔力이라도 숨어있는 것일까.

내 안의 가시에 대하여 생각해 본다. 상처가 난 자리에 가시가 돋친 것일까. 살펴보니 사람마다 여러 모양의 가시를 품고 있었다. 내 안의 가시가 나를 힘들게도 하고 상대방도 힘들게 하고 있었던 것은 아닌지. 그렇다면 서로의 가시를 보듬고 조심스러운 관계를 맺으며 사랑의 꽃을 피우며 살아가야 하지 않을까. 때론 가시를 불태우기도 하고, 가시를 품어주기도 하면서 사는 게 인생이지 싶다.

가시연꽃은 '그대에게 행운을'이란 꽃말을 지니고 있어서 그 순간의 조우가 행운을 안겨주는 것만 같아 반가웠다.

꽃은 한곳에 뿌리를 내리고 살아가면서 인내와 침묵으로 겨울을 보낸다. 봄이 오면 살포시 잎을 내밀고 여름에 다소곳이 피어나 환희를 주는 그 놀라운 에너지는 어디에서 오는 걸까.

가시연꽃은 찾아오는 모든 이들에게 한결같은 마

음일 테지만, 이 순간만은 나를 기다리고 있었던 것처럼 여겨짐은 운명적인 만남이지 싶다. 꽃은 조용한 미소로 나를 위로해 주었다. 먹구름이 걷히고 햇살이 비추기 시작했다.

우포늪의 가시연꽃은 지금까지 보아온 꽃 중에서 가장 인상적이고 여운이 오래 남는 뜻깊은 꽃이다. 좋은 인연을 만나고 온 날은 내 마음도 꽃처럼 피어나 생기가 넘친다.

다시 옹기 수반을 들여다본다. 뚝, 뚝, 빗방울이 원을 그리다가 깊은 심연으로 사라져 간다. 어느새 새잎이 쑥 올라와 꽃봉오리가 맺혀 있다. 여름이 오면 피어날 수련의 모습을 그려본다. 감나무에 찾아와 지저귀는 새소리가 반갑다.

우포늪에 사는 가시연꽃의 숨결을 느끼고 싶은 봄날이다.

역지사지

2015년 여름이다. 호텔에서 출판기념행사를 끝내고 밖으로 나와 보니 깜깜한 밤이었다. 일행을 바래다주려고 주차장으로 걸어갔다. 주차해둔 곳을 둘러보았으나 자동차가 보이지 않았다. 난감해졌다. 그 때였다.

"무거운 책, 제가 들어드릴게요."

"분위기가 너무 좋아서요."

젊은 호텔 직원이 뒤쫓아 달려오더니 이리저리 뛰

어다니며 자동차를 찾아보았다. 다른 곳에 차를 세워두고선 바로 앞에 주차한 것으로 착각한 것이다. 그 청년이 없었더라면 무척 당황하며 고생했을 무더운 여름밤이었다.

삭막한 현실에 절망하다가도 훈훈한 정을 지닌 이런 분을 만날 때는 다시 한 번 나를 돌아보곤 한다.

"다행이다. 아직 살 만한 세상이다."

그 청년이 베풀어 준 호의에 감사하며 가슴을 쓸어내렸다.

요즘 세상이 예전보다 더 자기중심적으로 변해가고 있는 현실을 실감하게 된다. 왜 그럴까, 하는 물음을 품어보는데 문득 '역지사지易地思之' 고사성어. 이 말은 《맹자孟子》의 '이루편離婁編' 상上에 나오는 '역지즉개연易地則皆然'이라는 표현에서 비롯된 말로 다른 사람의 처지에서 생각하라는 뜻이다.

'역지사지'라는 고사성어가 내 앞에서 펼쳐졌다 접혔다 하는 요즘이다. 가뭄에 내리는 단비와도 같은 언어에 마음을 담아본다.

상황을 잘 모르면 그냥 좋은 점만 봐 주면 되는데

이상하게도, 다른 사람의 단점만 먼저 보는 사람들의 심리는 무엇일까?

권위주의일까, 소통 부재일까, 세대 차일까. 가족끼리도 오랜만에 만났을 때 문화적인 차이에서 오는 거리감이 느껴질 때가 있다. 그럴 때마다 '처지를 바꿔서 생각해보라.'는 말을 떠올려보지만, 행동으로 옮기기는 쉽지 않다.

아마 나이 탓일 게다. 방향감각에 착각을 일으켜 다른 길로 접어들었다가 되돌아온 적도 있다. 글자 '추억'이라는 글자를 '기억'으로 읽어버리는 착각을 하기도 했다. 여러 번 검토했는데도 발견하지 못했다는 사실을 알았을 때의 기분은 뭐라고 표현할 수조차 없었다. 그림을 잘 그려놓았는데 물감이 엎질러진 느낌이랄까. 착각으로 난처해진 나에게 어떤 이는 "그럴 수도 있어요." 관대한 말을 건네주지만, 나 자신은 용납할 수 없어서 쩔쩔맨다. 착각 속에 실수가 있음을 발견하게 되는 요즘이다.

왜 이런 착각이 늘어나는 것일까? 마음의 허상이 만들어낸 것인가. 똑같은 사람을 볼 때도 나의 마음의 상태에 따라 모습이 다르게 보이는 것을 종종 경험한다. 그럴 때마다 내 마음 상태를 살펴보거나 상대방의 마음 상태를 살펴보려고 애를 쓰지만, 상황은 마음대로 되지 않는다.

어떤 이는 무슨 일이든지 부정의 에너지부터 발산하여 분위기를 흩트려 놓는 경우가 있다. 나는 이런 분을 만나면 무척 힘들어하거나 주눅이 들어 입을 다물어버리곤 한다. 그편이 한층 나의 실수를 줄이는 길도 되니까.

세상살이란 풀기 어려운 함수관계와도 같다. 이런 저런 사람이 모여든 세상이기에 따뜻한 마음을 베풀며 살다 보면 다소의 착각쯤은 눈감아 줄 수 있지 않을까. 나이가 듦으로써 생기는 착각 현상은 질병이 아니라, 자연스럽게 경험하게 되는 통과 의례적인 생의 훈장 같은 것이 아닌가.

요즘 들어 한국이 살기 힘들다면서 외국으로 나가는 젊은이들이 많다. 어느 나라든 삶의 현장에서 힘들지 않은 곳이 있으랴마는 유럽에 가보니 여유롭고 느슨한 분위기에 마음이 편하다고 한다. 그러나 그곳에 살다가도 나이가 들면 나처럼 착각을 일으키며 역지사지를 배우며 살아가게 되지 않을까.

외나무다리를 건너며

영주 무섬마을에서 하룻밤 묵으려고
백 년 묵은 고택에 들어서니
흘러간 시간이 우르르 몰려나와
낯선 손을 맞는다.

입을 꼬옥 다물고 아침 공기를 마시며
내성천의 외나무다리를 건넌다.
물 무서움 증에 기우뚱거리는 몸

친구 손에 의지하여
선인들의 발자국을 뒤따른다.

하늘엔 뭉게구름, 나를 휘감는 산들바람
다리 아래엔 강물이 유유히 흐르고
숲속에선 간간이 새소리만 들려올 뿐
나는 아무것도 알고 싶지 않았다
이 순간, 여기 있음이 중요하기에

수없이 만나고 헤어짐에도 묵묵한
외나무다리를 조심조심 건너며
세상에 지친 마음을 강물에 띄운다.

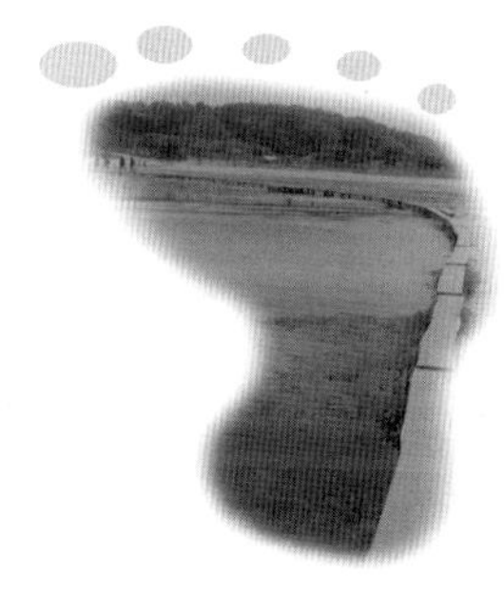

오솔길에서

자목련이 꽃눈을 내밀었다. 따스한 봄기운이 대지에 스며들자 앞마당에 피어난 매화가 봄을 알린다. 겨우내 우리 집 옆에서 쉬고 있던 굴착기가 굉음을 내며 움직이기 시작했다. 조용한 동네가 택지 개발되면서 마구 파헤쳐지고 있다. 큰길을 내기 위해 노송이 잘려나가고, 구불구불한 곡선으로 운치를 더해주던 오솔길도 흔적을 잃어가고 있다. 나뭇가지에서 지저귀던 참새들도, 길가에 피어나던 들꽃도 당황한 표정이 역력하다.

큰길에서 집으로 들어오는 길엔 건천乾川이 있다. 냇가를 따라 걷다 보면 사월에는 벚꽃으로 뒤덮이고, 오월에는 찔레꽃 향기로 가득한 오솔길을 만난다. 오솔길이 하루아침에 본모습을 잃고 말았다. 직선으로 늘씬하게 뻗어 나간 포장도로보다 구불구불한 시골길이 마음에 들어 아침마다 찾던 길이다.

남편의 직장을 따라 전국을 돌다 보니 어린 세 자녀를 데리고 섬과 육지를 여러 번 옮겨 다닌 적이 있다. 그동안 내가 다녔던 길을 한 줄로 늘어놓는다면 지구 한 바퀴를 돌고도 남음직하다. 도시의 소음에서 벗어나고 싶은 소망을 늘 마음속에 품고 있었다. 간절히 기도하면 이루어진다고 했던가. 무슨 인연으로 이곳에 와서 살게 되었는지 알 수 없지만, 보금자리를 찾아다니다 첫눈에 반해 마련한 집이기도 하다.

참새들이 지저귀는 소리에 깨어나 창문을 열고 청량한 공기를 마시며 하루를 시작한다. 사시사철 꽃들이 피고 진다. 방랑자처럼 떠돌다가 퇴직하고 이곳에 마음을 내려놓고 살아온 지도 벌써 육 년이라는 세월이 흘렀다. 생각해 보면, 내 작은 정원은 우주의 법칙을 말없이 현현하는 신비의 공간이다. 자고 나면, 이름 모를 꽃들이 새순을 밀어 올리고 계절이 바뀔 때마다 나무들은 옷을 갈아입는다.

연일 텔레비전에서는 일본의 지진해일로 인한 엄청난 피해 소식을 전하고 있다. 악몽 같은 현실을 겪고 있는 이웃 나라를 비롯하여 지구촌 곳곳에서 일어나는 대재앙이 인간에게 무엇인가를 암시하는 것만 같다.

그동안 지구를 혹사한 것은 아닐까. 인간들의 횡포에 지구가 화를 내는 것은 아닐까. 그 아우성을 듣지 못하니 자연의 아픔을 어찌 헤아릴 수 있겠는가.

예전에 내가 살던 동네도 처음에는 조용한 곳이었다. 아파트 베란다에서 한라산의 장엄한 자태를 보며 살다가 바로 집 앞에 커다란 아파트가 들어서면서 시야를 가로막아 숨이 막히는 것만 같았다. 한라산은 바로 인간의 숨통이란 것을 그때야 알았다.

미국의 자연주의자 소로가 "자연은 아무리 먹어도 질리지 않는 음식과 같다."라고 한 말이 새삼스럽게 가슴에 와 닿는다. 화단에서는 수목들의 수런거림이 들리는 듯하다. 대지의 소란스러움에도 아랑곳하지 않고 돋아난 잎들은 무위無爲한 햇살과 삽상한 바람에 초연히 흔들리고 있다. 겨울의 동장군 앞에는 무성한 잎을 다 내주면서 봄의 꿈을 간직했다가 꽃을 피워냈던 꽃나무들이 아니던가. 나는 주위의 조그마한 소란에도 신경이 곧추서고 투덜거리는데 나무들은 성인군자처럼 유유자적하다.

오늘도 오솔길을 따라 아침 산책을 나섰다가 마음의 상처를 입는다. 냇가로 이어진 길의 곡선이 무참히 잘려져 있다. 마치 한복의 고운 선 같던 길을 따라 걷다 보면 어느새 어머니 품 안처럼 편안한 느낌이 들어 자주 찾곤 했다. 이 고요한 녹지를 괴물 같은 트럭이 골목길을 휩쓸며 오가고 있다. 육중한 트럭의 무게에 지축이 흔들리는 듯하다. 직선보다는 곡선을 좋아하여 이 오솔길을 사랑해 왔는데 변모할 내일의 모습에 마음이 심란하다.

길거리에 있는 돌담에 시선을 멈춘다. 구멍이 숭숭 뚫린 현무암 돌담 사이로 아기자기한 사연들과 인정이 오가던 동네였는데, 머지않아 아파트 단지의 낯선 사람들로 물결을 이룰 것이다. 들어온 돌이 박힌 돌을 내몰게 되는 현실을 보며 다시 떠돌이 인생을 생각한다. 인생이란 끝없이 떠도는 것이었던가. 그 운명의 힘에 끌려 또 어디로 향해야 할 것인가.

아직도 오솔길 주변의 들꽃과 잡초들은 겨울잠을 자고 있다. 한라산은 묵묵히 오솔길을 내려다보고 있을 뿐이다.

담장을 고치며

택지개발을 시작한 지 3년째이다. 그 덕분에 조용한 아라동 매전마을의 지도가 달라졌다. 과수원과 나무숲이 사라지면서 새로운 주택들과 고층 아파트단지가 들어서고 새 길이 뚫렸다. 팔 년 전에 이곳으로 이사를 오면서 별천지를 만난 기쁨에 젖었다. 정원에는 사시사철 꽃들이 피어나고 새들도 날아와 지저귀며 놀다 간다.

올여름은 유난히 더웠다. 연일 삼십 도를 웃도는

폭염에 가뭄마저 오십 일 이상 지속하자 온 세상이 갈증에 허덕거리는 듯했다. 설상가상으로, 우리 집 정원의 구획정리 공사는 무더위가 한창 기승을 부리는 한여름에 시작되었다.

팔월의 여름 태양이 가장 뜨거운 한낮에 중장비 기사가 굴착기로 담장을 허물고 매실나무와 감나무, 향나무를 하나씩 이식하기 시작했다.

남편과 나는 바짝 긴장하고 있었다. 굴착기로 나무를 파내자 매실나무는 기절한 듯 잎이 금세 시들어갔다. 남편은 나무를 붙들고 나는 긴 호스를 잡고 물을 주었다. 아침저녁으로 구조작업을 벌였더니 잎이 되살아나고 나무는 생기를 되찾아갔다.

담장을 허물자 집안이 훤히 들여다보여 편한 잠을 이룰 수 없었다. 뙤약볕에 일할 사람을 구하기 어려워 울타리가 없는 상태로 한 달을 살아야 했다. 담장 쌓는 일이 시작되기만을 기다리다 지쳐가던 어느 날이었다. 다행히도 일거리를 찾아 육지에서 오신 분이 있었다.

사십대 중반의 남자는 용인에서 식당을 운영하였

는데 장사가 어려워지자 일감을 찾아 무작정 제주에 내려왔다고 한다. 처음으로 우리 집 담장 쌓는 일을 맡았다면서 정성껏 벽돌을 쌓아가기 시작했다.

담장 울타리는 우리 가족을 보살펴주는 파수꾼이다. 이곳에 둥지를 틀기까지는 절대로 순탄하지 않았다. 남편의 울타리 안에는 부모님과 형제들, 세 아이를 품고 있는 나와 종갓집이라는 무거운 짐이 놓여 있었다. 지난 세월이 주마등처럼 스쳐 지나간다. 가장으로서 책임을 다하며 성실하게 살아온 남편을 보면 그저 고맙기만 하다.

남편은 직장생활을 하면서 몰려오는 번민에 잠 못 이룬 적도 많았다. 이젠 틈만 나면 산에 오르고 정원 가꾸기에 온 정성을 쏟는 것도 그 때문이리라.

두 달이 지나자 담장 울타리가 깔끔하게 완성되고 조그만 텃밭도 생겼다. 작은 우주를 마당에 들여놓았다. 자갈돌로 돌담을 쌓아 잔디밭과 경계를 만들었다. 한의원에서 일하는 친구는 거름으로 쓰라면서 한약 찌꺼기를 건네준다. 텃밭 가꾸기도 나 혼자 힘으로는 감당하기 어렵다는 것을 그때 알았다.

텃밭에 배추 씨앗을 뿌렸더니 새싹이 돋아났다. 새 생명이 올라온 모습을 볼 때마다 가슴이 뛰었다. 이 놀라운 힘은 어디에서 오는 것일까.

배추가 자라는 모습을 지켜보던 어느 날 아침, 잎사귀에 구멍이 송송 나 있었다. 살펴보니 벌레가 살고 있었다. 이걸 어쩌지? 망설이다가 한 마리를 먼 곳으로 쫓아 보냈다. 벌레도 살아보려고 발버둥 치고 있는 한 생명인데……. 이제는 벌레를 보아도 무덤덤하게 된다.

인생은 본인의 노력과 여러 사람의 도움을 음양으로 받아 이루어진 결실이라고 했던가. 이곳에 터전을 잡을 수 있도록 도와준 보이지 않는 손길이 있음을 알고 감사드린다.

앞마당은 더불어 살아가는 나의 작은 우주이다. 아침에 일어나면 마당에 나가 꽃과 나무들과 인사를 나눈다. 하늘을 향하여 마음의 창을 열어놓는다. 무한한 허공을 호흡하며 기운을 얻는다.

오늘 하루도 신령스러운 기운이 넘치기를 기원해본다. 꽃과 나무, 돌담과 새들과 함께 지낼 수 있는 작은 우주에는 행복한 약속들이 가득 담겨 있는 듯하다. 늘 새롭고 벅찬 이야기들이 꽃처럼 피어나기를 소망한다.

담장 가엔 능소화와 덩굴장미를 심어 지나가는 이웃들에게 꽃등을 밝혀주고 싶다.

제비집

올봄에 제비 손님 한 쌍이 찾아들었다.
"어머, 제비가 처마 밑에 집을 지어요."
"행운이라도 가져다주려나 봐요."
남편은 시큰둥하다.

일주일쯤이 지나니 보금자리가 완성되고
새끼 세 마리가 부화하여 지저귀는 소리 집안 가득하다.

어미 새의 움직임도 분주하다
세 아이 키우던 시절 떠올라
한동안 제비집을 올려다본다.

올여름 큰 수술을 받았다.
품을 떠난 아이들이 달려와 걱정이 태산이다.
"엄마, 괜찮아요?"
큰일이라도 난 줄 알고
병상을 지켜준 아이들.

어제 아들이 입대하느라 떠났다
자꾸 뒤돌아보는 아들의 모습에
차마 발걸음 옮길 수 없었다.
눈시울 붉히며 아들을 보내고 돌아와 보니
제비집도 텅 비어 있다.

들고양이

내 뜰은 들고양이의 쉼터가 되었다. 처음엔 두려움과 경계의 시선을 보이며 얼른 피하더니 요즘엔 나와 마주쳐도 그저 편한 마음으로 놀고 있다. 나무에 올라가 재주를 넘기도 하고 바윗돌 위에 앉아 햇살을 만끽한다.

어느 날, 아침을 준비하려고 부엌으로 갔더니 애절한 고양이 울음소리에 창밖을 내다보았다. 노란색과 하얀색이 섞인 우아한 털을 지닌 생소한 고양이가 절절한 울음으로 도움을 요청하는데도 알아들을 수 없었다.

"고양이한테 무슨 일이 있나 봐요."

남편도 무슨 영문인지 몰라 궁금해 한다. 배가 고파서일까? 하면서 음식을 주었더니 고양이는 잠잠해졌다. 날마다 고양이들이 앞마당에 놀러 온다. 남편도 고양이가 좋아하는 생선 가시는 버리지 않고 옹기그릇에 담아 내놓는다.

인류와 야생 고양이와의 인연은 약 십만 년 전쯤 된다고 한다. 약 오천 년 전 리비아의 야생 고양이가 고대 이집트인에 의해 길들어져서 점차 세계 각지에 퍼졌다고 한다. 일본에선 고양이는 행운과 물질을 가져다주는 동물로 사랑받고 있다. 하지만 우리나라의 고양이는 예로부터 공포를 불러일으키는 존재로 인식되어오고 있다. 요즘은 집에서 애완 묘를 키우는 사람들이 늘고 있다. 나는 애완동물을 기르는 것을 좋아하지 않지만, 동물을 사랑한다.

내 뜰에 찾아오는 들고양이를 처음 보았을 땐 나도 섬뜩했으나, 이젠 아무렇지도 않다. 내가 보았던 들고양이는 순하고 영리했다. 저 들고양이는 어디에서 살다가 여기까지 찾아왔는지 모르겠으나, 선한 눈빛을 하고 있다. 아침 시간에 문밖에서 절절한 울음을 짓는 고양이를 보니 십여 년 전에 만났던 한 젊은이가 생각났다.

조그만 가게를 운영하고 있을 때의 일이다. 한 청년이 바바리코트를 입고 단정한 차림으로 가게 안으로 들어왔다. 그 청년은 따뜻한 물만 연거푸 마시다가 나갔다. 나는 무심코 넘겼는데 며칠간 연달아 가게에 들른 그는 또다시 물만 마시고 나갔다. 하루는 궁금해서 말을 걸었다.

"무슨 일을 하세요?"

"건강이 좋지 않아 일을 못 하고 있어요."

그는 손으로 아픈 목을 자주 만지작거리는 모습이 말 못 할 병에 걸린 듯했다. 그래도 심성은 온순해 보였다. 젊은 나이에 병이 들어 직업도 없는 초라한 모습을 보니 안타까운 마음에 김밥과 우유를 드렸다. 그랬더니 매일 아침 내 가게에 들러 "김밥 없수꽈? 우유 없수꽈?" 했다. 나는 흔쾌히 김밥과 우유와

빵을 건넸다.

그러기를 3년쯤 흘렀을까. 시간이 지날수록 그는 병이 깊어져서 점점 노숙인의 피폐한 몰골로 변해 갔다.

그러던 어느 해, 가을이 지나고 겨울이 왔는데도 매일 아침 들르던 그가 찾아오지 않아 궁금했다. 몇 해 전에 나도 가게를 그만두고 또다시 평범한 일상을 보내고 있었다.

지난 봄날에 신제주 로터리를 지나고 있을 때였다. 길가에 설치해 놓은 방제 턱에 누군가 앉아 있다가, "안녕하세요?" 하면서 공손히 인사를 하였다. 뒤돌아보니 그때 그 젊은이가 아닌가. 잊고 있었는데 가벼운 옷차림의 초연한 모습인 그를 보니 반가웠다.

"인간이란 존재는 여인숙과 같다. 매일 아침 새로운 손님이 도착한다. 예기치 않은 방문객처럼 찾아온다."라고 루미 시인이 말했듯이 여러 모양으로 다가오는 인연들이 예사롭지 않게 여겨진다.

내 뜰에 철마다 피어나는 꽃과 열매, 아침마다 찾

아와 지저귀는 새들도 윤회의 수레바퀴를 돌다가 현세에서 나와 만나게 된 소중한 인연들인가.

세상은 온갖 인연들이 섞여 희로애락의 파도를 넘나들며 물레방아처럼 돌아가는 것인가. 매 순간 만남을 인도해주는 손길이 있는 듯하다. 내 주변의 인연을 소홀히 여기진 않았는지 다시 살펴보아야겠다.

제4부
해바라기 씨앗

해바라기 씨앗
향초
물먹는 하마
장독대를 바라보며
사랑바위
꿈
호박벌의 비행
알자스 로렌의 풍경
융프라우의 백조
나의 별자리
소라 껍데기
용월이를 품은 돌
해맞이

해바라기 씨앗

해바라기 씨앗을 소쿠리에 담아 햇볕에 말리고 있다.

지난 오월이었다. 선흘꽃밭에 꽃구경을 갔더니 동문회에서 사랑의 꽃씨 나눠주기 행사를 하고 있었다. 행사를 담당하고 있던 한 친구가 엽서를 건네주면서,

"누군가에게 편지를 쓰렴. 꽃씨를 보내줄게. 아담한 해바라기야."라고 말했다.

작은 해바라기이면 정원에 심어도 예쁘겠다 싶어 남편한테 편지를 썼다.

"현승 아빠, 지난한 세월 동안 무거운 짐을 지고 오느라 고생 많았어요. 오늘, 꽃밭에서 꽃들을 감상하는 시간을 함께할 수 있어 감사해요. 여생은 무거운 짐을 내려놓고 편히 살았으면 좋겠어요."

며칠 후에 선흘꽃밭에서 보내온 엽서에는 해바라기 씨앗 일곱 개가 들어있었다. 무표정한 남편도 엽서를 펼쳐보며 미소를 짓는다. 해바라기는 국화과에 속하는 한해살이 풀꽃이다. 그 씨앗을 앞마당에 심었더니 일주일쯤 지나자, 두 개의 해바라기 싹이 돋아났다. 아침저녁으로 물을 줄 때마다 쑥쑥 자라나 내 눈높이만큼 성장했다.

7월 어느 날 아침에 살며시 피어난 보름달만 한 크기의 해바라기 두 송이가 내 마음을 반짝이게 했다. 온화한 미소를 짓는 부모님의 얼굴을 닮았다고나 할까. 관세음보살의 미소일까. 나 혼자 보기가 아까워서 해바라기 꽃을 스마트폰에 담아 친구들에게 카톡으로 보냈다. 꽃의 광채가 위안을 주었는지 꽃씨를 얻고 싶어 하는 마음을 보내왔다.

어릴 때 시골길이나 마당에 피어났던 해바라기는 키가 2미터 이상이나 되는 커다란 꽃이었다. 황금빛 기운이 감도는 따스한 분위기가 그냥 좋았다. 하지만 차츰 사람들의 관심에서 멀어져 시골길에서 해바라기가 사라진 지 오래다.

그리스 신화에 나오는 해바라기 이야기를 보면, 해신의 딸인 물의 요정 구리자와 류고시아가 연못에 살고 있었다. 동이 트니 태양의 신 아폴로가 황금 마차를 타고 빛을 발하면서 나타나자, 그 황홀한 빛에 두 자매는 넋을 잃었다. 두 자매는 아폴로를 사모하게 되었다. 구리자는 오직 아폴로의 사랑을 갈망하며 오랜 시간 한곳에 서 있었기 때문에 발이 땅속에 묻혀 한 포기 꽃으로 변해버렸다. 그 꽃이 해바라기라고 전해온다.

기다림의 꽃말을 지닌 해바라기는 중국에서 불리는 향일규向日葵를 번역한 이름이다. 해바라기는 해를 따라 얼굴을 돌리는 줄 알았다. 내 정원의 해바라기는 동쪽을 향해 피어났지만, 해가 돌아가는 방향으로 얼굴을 돌리지는 않았다. 해바라기가 피어나자 정원에 꿀벌과 나비도 다시 날아오고, 새들도 찾아와 청아한 목소리로 지저귄다. 작은딸도 출근하면서 해바라기와 눈 맞춤하며 고운 미소를 짓는다. 해바라기는 나에게 훈훈하고 상큼한 미소로 색다른 기쁨을 안겨주었다. 잃었던 웃음을 다시 찾았다.

한 달쯤 지났을까. 꽃잎은 차츰 시들어가고 해바라기 씨앗이 촘촘히 박힌 모습이 되었다. 고개를 푹 숙인 채 햇빛을 저장하며 씨앗은 여물어 갔다.

9월 맑은 어느 날, 나는 잘 익은 해바라기 두 송이에 담긴 씨앗을 거두었다. 해바라기 씨앗을 한참 동안 바라보았다. 태양 빛깔을 모두 간직하고 있어서일까. 모양과 크기는 벼의 씨앗처럼 생겼으나 검정색이다. 씨앗마다 들어있을 소중한 생명, 하늘이 내려준 귀한 선물로 여겼다. 해바라기는 작은 씨앗들을 남기고 일생을 마감했지만, 그 자태는 내 마음에 고스란히 남아 희망을 안겨 주었다.

세상의 사람과 사건들은 우연한 만남에서 비롯된

다. 대부분 우연한 인연들은 바람처럼 스쳐 지나가 버린다. 그중에서 내 삶의 울타리로 들어와 필연이 되어 한 생을 함께하는 특별한 인연들은 얼마나 반갑고 소중한가.

해바라기 씨앗은 선흘꽃밭에서 보내온 우연한 인연이지만, 필연이 되어 많은 씨앗을 남겨주었다. 우연에서 시작하여 필연이 되고 존재 나름의 꽃과 씨앗, 열매를 맺기에 아름다운 세상을 이어가는 것인가. 내 정원에 사는 용월이는 별꽃, 달맞이꽃은 달꽃, 해바라기는 태양꽃으로 피어난 것일까. 신비로운 세상이다.

봄이 오면 매화, 수선화, 천리향, 자목련, 작약이 피고 지면, 장미, 용월이와 백합, 능소화, 봉숭아와 해바라기가 제 나름의 꽃을 피운다. 사시사철 피어난 꽃향기는 현실을 잠시나마 잊게 해주는 구원의 손길이 아닐까.

유난히 더운 올여름, 내 뜰에 처음 피어난 해바라기는 나에게 위로의 말을 전해주는 듯했다.

"폭염에도 절망하지 않아. 더위도 때가 되면 물러

나지. 황금빛으로 피어난 나도 한순간일 뿐이야. 산다는 것은 이별 연습을 반복하는 것이지. 그래도 힘을 길러 빛나는 삶을 살아야 해……."

셈에 약한 나인지라 정신을 가다듬고 묵상하며, 며칠간 햇볕에 잘 말린 해바라기 씨앗을 열 개씩 세면서 봉지에 담았다. 백 개의 봉지가 나왔다. 두 송이의 해바라기가 나에게 천 개의 씨앗을 남기다니 놀라운 일이다. 친구들과 지인들에게 선물해야겠다.

해바라기 씨앗은 묵묵히 봄을 기다리고 나는 여름을 기다린다.

향초

겨울로 접어들었다. 앞마당에 나갔다가 차가운 바람에 옷깃을 여미며 얼른 집안으로 들어왔다. 나는 요즘 즐기는 일이 있다. 거실에 들어오면 먼저 향초를 켠다. 은은한 향으로 전해오는 무언의 메시지가 무엇보다 또렷하게 다가온다.

그리고 음악을 듣는다. 비발디 〈사계〉의 음률에 따라 불꽃이 춤을 추는 듯하다. 지친 심신을 달래주고 향초에서 풍겨오는 라벤더 향이 나를 안락하게 감싼다. 그 향기가 폐로 스며들며 스르르 눈이 감긴다.

영국에선 향초를 뉴초콜릿이라고도 불린다. 열량이 없고, 집안을 아름답게 가꿔주는 똑똑한 선물이라는 뜻이다. 나는 쇼핑을 갔을 때도 먼저 향초에 눈길이 간다. 장미 향, 재스민 향, 라벤더 향……. 향기의 종류도 다양하다.

지금 이 순간, 라벤더 향을 맡으며 향기의 품 안으로 들어가 본다. 무한한 행복을 느낀다. 삼라만상에는 향기가 있다. 꽃들도 향기로 서로를 부르고 동물도 향기로 서로를 찾는다고 한다.

나에게는 어떤 향기가 있을까.

"향을 쌌던 종이에는 향내가 나고, 생선을 묶었던 새끼줄에서는 비린내가 난다. 본래는 깨끗하지만, 차츰 물들어 친해지면서 본인이 그것을 깨닫지 못한다."는 법구경의 말씀이 있듯이 주변의 사람들에 천천히 스며들어 닮아가는 것이 아닐까. 지금 내 주변에는 어떤 사람들이 있는지 살펴보게 된다. 라벤더 향처럼 좋은 향기를 지닌 친구들이 있기에 내 삶은 외롭지 않다.

어느 여름날 오후, 교보문고에 가려고 광화문 거리를 지나가는데 촛불 집회가 열리고 있었다. 노란 리본이 걸린 처연한 거리의 모습을 보아야만 하는 슬픈 현실에 목이 멘다. 여객선의 침몰이라는 재앙을 맞아 바다에서 희생된 어린 학생들의 죽음을 애도하는 촛불 집회였다. 소설가인 친구와 동행한 큰딸도 그곳에 함께했다. 우리는 누군가 건네준 종이컵 속의 촛불을 들고 시민들 틈에 서 있게 되었다. 다시는 악몽 같은 현실이 없기를 바라는 마음과 그들을 추모하는 열기를 내뿜으며 촛불은 타올랐다. 연약한 촛불을 들고 서 있는 따뜻한 이웃들도 모두 할 말을 잃고 멍하니 허공만 응시하고 있었다. 어찌하여 이토록 가혹한 벌을 주시는지 나는 이해할 수가 없었다. 안산에 두 번씩 다녀온 큰딸은 더욱 비통한 표정으로,

"착하고 어른 말을 잘 듣는 아이들이 다 죽었을 거야."라고 하며 "가만히 있어라."는 안내방송을 한 선원들이 가장 먼저 탈출한 현실에 분개했다. 어른인 내가 부끄러웠다. 텔레비전 화면을 통해 여객선이

침몰하는 광경을 영화 속의 한 장면처럼 바라보기만 했던 나는 먹먹한 상황에 할 말을 잃고 말았다.

조용한 촛불의 외침을 듣는다. 누군가 들고 있는 의로운 촛불이 타오르고 있기에 세상의 어둠을 물리치는 힘이 되고 있으리라. 내 마음에도 촛불 하나 켜 놓는다.

향초의 불꽃에 그리운 얼굴들이 떠오른다. 태양에 까맣게 그을려 땀방울 흘리며 해맑게 웃던 어머님의 얼굴. 나를 아껴주었던 사촌 오빠의 얼굴이 어른거린다. 헌신적인 삶을 살다가 돌아가신 분들이다. 그들은 하늘로 올라가 별이 되었을까. 어두운 세상을 밝히려고 제 몸을 태우고 있는 향초의 사랑에 마음이 따뜻해진다. 향초가 전해주는 라벤더 향은 임의 향기이다. 향기로운 사람과 차 한 잔 나누고 싶은 계절이다.

물먹는 하마

앞마당에 핀 매화를 꺾어다가 거실에 꽂았더니 매화 향기가 집안에 가득하다. 매화 향기 따라 들어온 봄이다.

장롱문을 열고 옷가지를 정리하는데 옷장에 넣어두었던 물먹는 하마가 습기를 빨아들여 물이 가득하다. 물먹는 하마를 보니 예전에 같이 근무했던 교장 선생님의 얼굴이 문득 떠오른다.

삼십여 년 전, 초임교사로 용인 산골에 있는 모 중

학교에 발령을 받아 근무하고 있을 때의 일이다. 여교사들이 쉬는 시간에 모여앉아 차를 마시며 정담을 나누는 시간이었다. 한 미술 교사가 교장 선생님의 별명을 '하마'라고 지어 부르자, 그 이후로 하마 교장 선생님이 되었다.

교장 선생님은 커다란 몸집에 입이 유달리 크게 보이고 배도 불룩하게 나온 모습이어서 하마 이미지를 많이 닮았다.

오염되지 않은 시냇물이 흐르고 산새들이 지저귀는 산골의 아침은 청명하다. 아침이면 검은 손가방을 들고 매일 똑같은 차림의 짙은 감색 코트를 입고 뚜벅뚜벅 운동장을 걸어들어 오시곤 했다. 언제나 무표정한 얼굴이다. 양봉을 좋아하여 벌꿀을 채취할 때는 그물망을 쓰고 계시던 모습을 종종 볼 수 있었다.

서울에서 벗어난 산촌의 겨울은 눈이 쌓이고 바람은 매서웠다. 집마다 굴뚝에서는 연기가 피어올랐다. 교무실에 앉아 있어도 손과 발이 꽁꽁 얼어 제주가 고향인 나는 견디기가 힘들었다. 식당도 없는 곳이어서 도시락을 싸서 들고 다녀야만 했다.

영하로 내려가야만 연탄 난방을 할 수 있다는 지침에 따라 우리는 추위에 떨었다. 급사가 연탄을 피우기 위해 난로에 조개탄을 쏟아 넣으면, 시커먼 연기가 훅 올라와서 코를 막았다. 그 위에 양은 도시락을 올려놓고 데워 먹곤 하였다.

나는 결혼하게 되었고, 아이가 태어나니 맡길 데가 없었다. 눈물을 머금고 사직서를 제출하던 날, 순수한 아이들과 마지막 작별인사를 나누고 먼 산을 바라보며 운동장을 걸어 나왔다. 나를 뒤 따라오면서 눈시울을 적시던 아이들을 남겨두고 태연히 버스에 올랐다. 버스가 학교 근처에서 벗어나자 그제야 참았던 눈물을 터뜨리고 말았다.

문득, 그 아이들의 모습이 떠오르며 궁금해진다. 어디서 무슨 일을 하면서 어떻게 살고 있을까.

책장 한구석에 꽂혀있는 빛바랜 졸업 앨범을 꺼내보면서 함께 근무했던 선생님과 학생의 모습을 찬찬히 들여다본다. 풋풋한 모습들이다. 나는 긴긴 잠에서 오랜 꿈을 꾸고 깨어난 듯한 착각을 한다. 제자들도 이젠 오십 가까운 나이가 되었으니 만나도 서로 몰라볼 것이다. 착한 심성을 가진 아이들이었기에 어디선가 자기 몫을 다하면서 잘살고 있겠지…….

하마라고 부르던 교장 선생님의 안부가 궁금한 하루이다.

장독대를 바라보며

부엌문을 열고 나가면 장독대가 있다. 나는 장독대로 가서 항아리들과 눈인사를 나누며 된장독을 연다. 잘 숙성된 장은 참 빛깔도 곱다. 된장을 국자로 떠서 그릇에 담는다. 멸치육수에 된장과 얼갈이배추, 양파, 청양고추를 넣어 끓이면 얼큰하고 맛있는 된장국이 된다.

나는 아침마다 된장국을 끓인다. 된장국은 아무리 먹어도 질리지 않는 영혼의 음식이다. 된장국은 내 몸과 영혼을 지켜주는 에너지가 된다. 된장은 여태껏 우리 가족의 건강을 지켜준 전통음식 중의 하나이다. 지난해에 담근 장이 맛나게 발효되어 밥상을 차리는 일이 즐거운 요즘이다.

내 집 장독대에는 옹기 항아리 일곱 개가 다정히 산다. 시어머님의 유산인 항아리 몇 개와 친정어머니가 주신 항아리들이 옹기종기 모여 우리 가족을 보살펴주고 있다. 나는 항아리에 된장과 간장, 소금, 담근 매실 효소를 담아 놓기도 한다. 장독대를 바라보면 어머니의 마음이 항아리마다 담겨있는 듯하다.

전통 옹기항아리를 현미경으로 관찰하면 수많은 기공이 모여 있다고 한다. 이 숨구멍들은 공기는 투과하지만, 물이나 그 밖의 내용물들은 통과시키지 않는다. 항아리 안에 발효 음식을 저장해 두면 항아리 바깥에서 신선한 산소들이 끊임없이 공급되어 발효 작용을 돕는다. 또한, 공기 순환도 원활하게 이루어져 음식의 신선도가 오래 유지된다고 한다. 천연황토로 만들어 섭씨 1,300도 이상의 고온에 구워낸 항아리야말로 살아 숨 쉬는 우리의 원조元祖 장독이라고 한다.

온 세계에 알려진 우리 전통 음식의 맛을 내는 된장, 고추장 등 발효식품들은 옹기 항아리가 없었다면 빛을 보지 못했을 것이다. 옹기 항아리를 만든 조상의 뛰어난 지혜와 솜씨에 경탄하게 된다.

친정어머니는 장독대를 정성껏 가꾸며 살아오셨다. 장독대를 청소하고 메주를 쑤고 장을 담그는 일은 어머니의 연례행사였다. 어머니는 자녀들에게 된장을 나눠주곤 했다. 이젠, 친정어머니는 연로하신 데다 몸도 몹시 아프셔서 항아리를 나에게 넘겨주셨다.

어머니의 장독대는 적막하다. 자녀들이 결혼하면 나도 어머니처럼 된장과 밑반찬을 만들어주는 어미가 되어야 할 텐데…….

지난가을엔 내가 된장을 담가야겠다는 생각을 하고 있었다. 한 친구의 제안으로 친구 셋이서 메주를 만들어 된장을 담그기로 했다. 길일을 택하여 친구의 의견에 따라 와흘 과수원에 사는 최 여사님 댁에 갔다. 여사님은 제주 콩을 직접 사들여 새벽부터 커다란 가마솥에 삶고 계셨다. 여사님은 후덕한 인상에 정이 많은 분이시다. 점심도 정성껏 차려주셨다. 서울에서 이곳에 이사를 온 지 사십여 년이 흘렀다고 한다. 우리는 담소를 나누며 콩이 삶아지기를 기다렸다.

콩이 푹 삶아지자 자루에 담아 발로 밟았다. 메주를 곱게 만들어 햇볕에 말렸다. 여사님은 오일장에 가서 사 온 볏짚을 주면서 묶으라고 했다. 마른 볏짚에는 메주 띄우기에 좋은 메주 균과 고초균이 들어있다고 한다. 정성 들여 볏짚으로 묶은 메주를 두 개씩 그물망에 담아 창고에 있는 줄에 매달았다. 어머니가 메주를 만드는 것을 본 적은 있어도, 내가 직접 메주를 만들어보기는 처음이었다. 온종일 걸린 힘든 일이었지만, 여사님의 도움을 받으며 셋이서 하니 즐겁게 마칠 수 있었다. 그날은 큰일을 해냈다는 기쁨을 안고 집으로 돌아왔다.

봄이 되자, 여사님한테서 메주가 잘 띄워졌다는 전갈이 오기를 기다리고 있었다. 벚꽃도 피어나 흩날리는 어느 봄날이었다. 한 친구의 급작스러운 부음을 전해 들었다. 믿기지 않는 꿈같은 현실이었다. 누구나 태어나면 죽는 것이 하늘의 정한 이치라고 하지만 너무나 슬픈 현실이었다.

한 친구는 세상을 떠났지만, 친구와 나는 띄운 메주를 가지고 와서 길일을 택했다. 메주를 잘 씻어 말렸다. 생수에 소금 간을 맞추어 하룻밤을 두었다. 메주와 소금물을 항아리에 넣어 정성껏 장을 담갔다. 어머니가 하던 방식을 따라 숯과 마른 고추도 띄웠다.

햇볕과 바람은 날마다 항아리에 내려와 소금물에 담긴 메주를 잘 발효시켰다. 밤이 되면 달도 상서로운 빛을 보내주는 듯했다. 가득 찬 항아리는 고요하다.

나는 화창한 날에 장 뜨기를 했다. 된장과 간장을 분리했다. 된장 위에는 소금을 조금 뿌려놓았다. 항아리 입구에 베 헝겊을 덮고 고무줄로 동여맸다. 그리고 유리 뚜껑을 덮었다. 날마다 햇볕과 바람이 잘 숙성시켜 준 덕분에 장맛이 일품인 된장이 되었다.

어느 시인의 시를 읽다가,

달빛
내리고
장독대
정안수 한 사발
어머니
아, 저것이 미신美信이다.

장독대에 정화수를 떠놓고 치성을 드리는 어머니의 모습을 잘 표현하고 있어 가슴이 뭉클해진다.

장독대는 어머니의 성소이다. 어머니의 기도는 예나 지금이나 한결같다. 날마다 장독대를 바라보며 나도 미신美信을 가져본다.

사랑바위

사랑바위가 살고 있었습니다. 지난가을, 베트남 하롱베이 여행 중에 조우한 부부 바위입니다.

창공을 네 시간 동안 비행한 여객기는 하노이 공항에 사뿐히 착륙했습니다. 한국인 안내인이 기다리고 있었습니다. 낯선 일행들과 합류하여 버스를 타고 하롱베이에 있는 숙소에 도착하니 밤 열두시가 지났습니다. 호텔 직원은 한국인 여행객을 자주 맞이했는지 친절했습니다. 아열대성 기후인 11월의 하롱베이는 초여름 날씨여서 견딜 만했습니다.

이튿날도 유람선을 타기에 좋은 화창한 날이었습니다. 삼천여 개 섬의 진기한 풍경 속에 푹 빠져 하롱베이 바다의 잔물결 위에서 하루를 유람했습니다. 지상에 이런 곳도 있다니 낙원, 그 자체였습니다.

하롱은 하룡下龍의 베트남 발음이며, '용이 내려온 자리'라는 뜻입니다. 이곳 사람들이 외적의 침입으로 고난을 받고 있을 때, 용이 내려와 여의주를 내뱉어 외적을 물리치고 그 여의주가 현재의 크고 작은 섬이 되었다는 전설을 간직하고 있는 하롱베이입니다.

그래서일까요. 이십 년간 월남 전쟁을 겪었는데도 수려한 경관이 자연 그대로 있어 놀라웠습니다. 수많은 섬이 방파제가 되어 호수처럼 잔잔합니다. 혼탁한 물빛을 보면 갑갑한 마음이 들기도 했지만, 물 위로 물고기들이 폴짝폴짝 튀어 오르는 모습을 볼 수 있었습니다.

낯선 여행지에선 누군가가 마치 오래전부터 기다리고 있던 것처럼 내 시선을 끌어당기며 여러 모양으로 다가오지요. 나는 언제나 소중한 인연을 반갑게 맞이합니다.

유람선 선장은 바다 한가운데 우뚝 솟은 사랑바위 앞에서 한동안 배를 멈춰 감상할 수 있는 시간을 내주었습니다. 다정한 사랑바위 모습에 이끌려 우두커니 서서 한참 동안 바라보았습니다. 서로 사랑을 주고받고 있는 모습인 감미로운 형상입니다. 내공을 쌓은 부부의 모습 같은 독특한 형상이 매혹적이었습니다. 나는 사랑바위를 마음에 담고 와서 아름다운 부부의 참모습을 그려보곤 합니다. 부부는 고행의 길에서 짐을 반씩 나눠서 지고 가는 동반자인가 봅니다.

요즘 시골에 가보면 베트남 여인들과 결혼한 가정이 늘어나면서 그들을 종종 만날 수 있습니다. 타국에 시집와서 잘살고 있는 착한 여인을 보면 기특합니다.

베트남 사람들은 가족애가 유독 강하다고 합니다. 아이를 키울 수 없는 상황이 오더라도 다른 나라로 입양하지 않고 가족끼리 서로 도와가며 아이를 보살핀다는 안내인의 말을 들으며, 입양이 많은 우리 나라의 현실이 부끄럽기도 했습니다.

나는 쌀국수를 좋아합니다. 올레길을 걷다가 쌀국숫집에서 점심을 먹은 적이 있습니다. 여태껏 맛본 쌀국수 중에서 가장 맛있었습니다. 알고 보니 제주에 시집온 베트남 여인이 손수 만들었답니다.

식당 주인은 "아내의 음식 솜씨가 좋아서 쌀국숫집을 운영하게 되었어요."라고 하면서 싱글벙글했습니다. 세 아이를 낳고 열심히 사는 모습이 참 보기 좋았습니다. 베트남 여행을 다녀온 터라 인상 깊게 보았던 사랑바위 모습이 떠올랐습니다.

어느새 우리 부부도 결혼 삼십오 년이란 세월이 흘렀습니다. 자녀 뒷바라지, 부모님의 병시중, 종갓집 대소사 등 현실에 산적한 일들을 해결하느라 겨를이 없었습니다. 긴긴 터널 같은 세월을 넘어온 내 앞에 우뚝 서 있는 사랑바위의 침묵과 마주한 순간, 알 수 없는 전율이 나를 휘감아 돌았습니다. 그래도 많은 은혜를 입고 살아온 삶인 것만 같아 감사의 기도를 올렸습니다.

남과 여, 다른 환경과 견해, 생활방식 등이 달라 서로 적응하느라 힘들게 살아온 날들이었지만 무탈하게 지내온 세월은 사랑, 은총임을 알았습니다.

지난 세월을 되돌아보며 매일 아침마다 참회의 기도를 합니다. 한 생각을 놀려놓고 보니 기도할 일이 참 많습니다. 긍정의 마음에서 피는 꽃이 행복이 아닐까요. 하루하루를 잘 살아야겠지요. 내일 일도 모르니까요.

스마트폰에 담아온 사랑바위 모습을 들여다봅니다. 화목한 가정을 이루며 사는 부부의 모습을 보는 듯합니다. 정다운 부모님, 손을 꼭 잡고 산책길에 나선 노부부, 원앙 부부……. 애정이 담뿍 흐르는 가정을 가꾸며 사는 부부가 모두 사랑바위처럼 보입니다. 그들을 보면 누구나 꿈꾸는 행복의 샘물이 무한

정 솟아나올 것만 같습니다.

오늘도 사랑바위는 따뜻한 빛을 온 누리에 보내고 있겠지요.

꿈

하귤나무를 심을까
매실나무를 심을까
고심 끝에 매실나무를 심었다

꼬마 중기로 흙을 파내고
가뭄으로 갈증이 심한 땅에
물을 주고 어린 뿌리에 흙을 덮었다

다시 찾아낸 남편의 일터에
어디선가 날아온 제주휘파람새도
흥겨운지 노래하기 시작한다
그의 손길이 닿는 나무마다
비와 햇살과 바람이 머물다 가면
꽃과 열매로 현현할 당신

봄비가 내리고 있다

호박벌의 비행

림스키 코르사코프가 작곡한 〈호박벌의 비행〉을 듣고 있다. 피아노로 연주하는 빠르고도 경쾌한 음률은 벌들이 날갯짓하는 소리처럼 들린다. 작곡가와 연주가의 천재성이 놀랍다.

꿀벌과 나비는 내 작은 뜰에 꽃이 피면 찾아오는 방문객이다. 올여름에도 앞마당에 해바라기와 호박꽃이 활짝 피었다. 분꽃과 봉숭아도 어울려 피어났다. 꽃소식을 어떻게 알아차렸을까. 호박벌이 가장 먼저 날아온다. 호박벌을 바라보면 왠지 사랑스럽다. 호박벌은 내가 가까이 가도 오로지 꽃 속의 꿀에만 집중한다.

꽃은 식물의 생식기이다. 꽃은 수정을 위해 꿀벌과 나비를 유인하려고 좋은 향기와 달콤한 꿀을 만들어 놓는다. 벌과 나비는 꿀을 얻는 대신에 꽃가루를 옮겨준다. 벌이 꿀을 딴 자리에는 열매가 열린다. 벌은 꽃에 상처를 주지 않으면서, 꽃과 함께 이로움과 행복을 얻는다.

호박벌은 온대 지방에 사는 벌로서 노란 몸통에 배만 볼록하게 튀어나온 벌이다. 호박벌은 우직하면서도 부지런하다. 벌 중에서 가장 일찍 일어나고 늦게 잠자리에 들며, 꿀을 모으기 위해 하루 200㎞ 이상을 날아다닌다고 한다. 호박벌은 태어날 때부터 날개 크기보다 몸통이 너무 커서 그 날개로는 날 수 없다고 전문가들은 말한다. 날기는커녕 공중에 떠 있는 것 자체가 놀라운 일이라고 한다.

그러나 호박벌은 어떻게 날 수 있는 것일까? 자신이 날 수 없는 몸의 구조라는 걸 전혀 알지 못한 호박벌은 태어나자마자 다른 벌의 날갯짓을 보며 자신도 날갯짓한다. 보통의 날갯짓으로는 결코 날아오를 수 없으므로 호박벌은 더욱 빨리 날갯짓한다. 진동에 가까운 수준인 초당 약 250회의 날갯짓을 통하여 비로소 날 수 있게 된다고 한다.

호박벌은 자신의 꿀 위를 채우려면 팔십 회 이상 꿀을 채집하러 날아다녀야 한다. 그 길이는 최대 320여 마일이며 8만여 개의 꽃을 방문하여 꿀을 모아야 한다고 한다. 호박벌은 자신에게 주어진 열악한 조건을 극복하고 자신의 임무인 꿀을 채취하기 위해 멀고 먼 길을 하염없이 날아다닌다. 호박벌은 상대방을 배려하고 존중하는 몸가짐이 몸에 배어있는 듯하다. 침을 가지고 있지만 남을 먼저 해치지는 않는다.

나는 앞마당에 꽃들이 피어나고 호박벌이나 나비가 날아오면 귀한 손님이 찾아온 듯 반갑다. 그들의 방문에 정원에도 활기가 돌기 시작한다. 꽃들도 호박벌의 방문을 좋아하는지 반짝거린다.

나는 호박벌을 바라보다가 문득, 문수보살이나 보

현보살이 잠시 호박벌로 현현한 것이 아닐까? 하는 엉뚱한 상상을 해보기도 한다. 꽃과 한참 동안 애정을 나누던 호박벌은 힘찬 날갯짓을 하며 어디론가 휑하고 날아가 버린다.

올봄에는 프랑스에 유학 간 아들을 만나기 위해 유럽에 다녀왔다. 참 멀기도 했다. 열두 시간 동안 날아가는 비행기 안에서 호박벌의 비행을 떠올려 보았다. 호박벌처럼 먼 길을 비행하며 보시복덕補時福德의 삶을 산 선인들의 발길을 생각하면서 숙연해졌다. 나는 그 혜택을 누리면서 사는 것만 같아서이다. 선각자는 꿈과 열정을 품고 유럽이나 서양 각처에 담대히 날아갔으리라. 그들은 꿀 같은 문화를 채집하여 조국에 가져왔을 것이다.

해바라기 꽃에 날아온 호박벌을 바라보며 잠시 사색에 잠겨본다. 산다는 건 자신의 꿈을 위한 부단한 날갯짓의 연속이라고.

알자스 로렌의 풍경

1. 스트라스부르에 가다

인천공항을 출발한 여객기가 독일 프랑크푸르트 공항에 무사히 착륙했다. 열두 시간 동안 엄청난 속도로 날아가는 비행기 안에서 유럽 풍경을 상상하며 하룻밤을 보냈다. 유럽 땅을 처음 밟은 남편과 나는 짐을 찾아 설레는 가슴을 안고 공항 대기실로 나갔다. 스트라스부르에서 마중 나온 아들이 기다리고 있어 안도감을 가질 수 있었다.

유럽을 동경해 온 아들은 2년 전에 프랑스 유학을 떠났다. 스마트폰 카톡으로 안부를 주고받을 수 있어 걱정을 덜어주곤 한다. 우리는 4차 산업혁명이 도래하는 시대에 살고 있다. 미래공상과학 영화에서나 보았던 일들이 실제 우리 생활에서 하나씩 실현되고 있다. 인공지능과 함께 살아가야 하는 세상에서 행복하게 살려면 지혜와 감성을 잘 가꾸어야 한다.

스트라스부르는 알퐁스 도데의 소설 〈마지막 수업〉의 배경이 된 프랑스 알자스 로렌 지방의 중심이 되는 도시이다. 시내에서 보이는 라인강 다리를 건너면 독일이다. 한때는 독일령과 프랑스령을 반복하면서 역사적으로 많은 우여곡절을 겪은 곳이다. 라인강의 지류인 일강을 따라 펼쳐진 중세 도시의 풍경은 동화 속 마을과도 같았다.

스트라스부르 4월의 봄도 화려했다. 기후도 우리나라와 비슷한 봄 날씨이다. 거리엔 친숙한 개나리와 왕벚꽃이 피어있다. 아들이 다니는 스트라스부르 대학은 스트라스부르 시내에 있는 프랑스 최대의 국립대학이다. 인간의 존엄성을 외치는 유럽이지만 인종차별주의가 은근히 흐르고 있어서일까. 아시아인이 입학하기는 무척 어렵다. 합격만 하면 학비는 대부분 프랑스 국가에서 부담한다.

학기말고사가 끝난 대학은 방학 중이어서 한산했다. 넓은 교정에는 울창한 고목이 역사와 전통을 자랑한다. 수선화, 개나리, 민들레도 피어있다.

본관 앞에는 괴테 동상이 있다. 천재작가인 괴테가 스트라스부르 대학교 법과대학에 다녔다. 아들은 괴테의 후배가 되는 셈이다.

괴테 동상은 준수한 외모에 지팡이를 짚고 외투를 입은 신사 복장을 하고 서 있다. 동상을 경건한 마음으로 바라볼 수 있는 것만으로도 감동이 일렁이고 행복했다.

프랑스인들은 처음 본 사람인데도 시선이 마주치면 "봉주르(안녕하세요)" 하고 인사를 한다. 2년 전 파리 테러와 니스 테러를 겪어선지 사람들의 표정엔 아직도 두려움이 남아 있는 듯했다. 스트라스부르

역에는 무장한 군인들이 다녔다.

스트라스부르에서 가장 유명한 건물인 노트르담 대성당이 도심 한복판에 있다. 유럽에서도 가장 아름다운 고딕 양식의 성당으로 손꼽힌다. 노트르담 대성당은 1015년 로마네스크 양식으로 건축을 시작해서 완성하는데 삼백 년 이상이나 걸렸다고 한다. 장인이 흘린 땀방울과 정성이 성당 벽돌마다 묻어 있는 듯하고 천년의 세월이 쌓이면서 고색창연한 빛이 독특했다. 내부의 모습도 장엄하고 웅장하였다. 시내 어디서든지 노트르담 대성당의 모습을 볼 수 있다.

노트르담 대성당 앞에는 여행객들이 많아 한 줄로 서서 차례를 기다렸다. 성당에 들어가는 입구에는 테러 방지를 위해서 경비원이 가방을 열어보면서 소지품 검사를 했다. 천장이 높은 대성당에서 미사를 드리면 하늘의 울림이 웅장하게 들려올 듯했다. 나도 노트르담 대성당 안에서 간절한 마음으로 두 손을 모았다. 우리 모두의 평온을 위하여.

세계 각국에서 온 여행객이 많은 대성당을 빠른

걸음으로 나와 '쁘띠 프랑스'로 향했다.

2. 쁘띠 프랑스

스트라스부르 시내에는 프랑스 축소판인 작고 예쁜 마을, '쁘띠 프랑스'가 있다. 중심 거리엔 트램이 천천히 다니고 일강에는 유람선이 유유히 다닌다. 사람들의 모습도 수려하고 다정다감하다. 강변의 카페와 잘 어울리는 중세 유럽풍 목조건물들이 잘 보존되어 있다. 건물의 지붕은 경사가 심하고 창이 많다. 그 이유는 중세 시대에 작은 외세의 침입에 대비한 비상식량을 다락방에 저장하는 것을 법으로 정했고, 음식이 썩지 않도록 지붕에 환기창을 냈기 때문이라고 한다. 벽에 나무격자가 있는 독일 전통 가옥인 파흐베르크 하우스들이 고스란히 남아있어 중세 유럽 풍경이 그대로 보존되어 있다. 과거, 현재, 미래가 일강을 따라 흐르고 있는 것만 같았다.

한 세기를 넘어온 '쁘띠 프랑스' 시가지 풍경에 취해 시간 가는 줄도 모르고 두 시간 동안 걸었다. 중세 유럽 풍경 속의 여인이 되어 시간여행을 다녀온 날이었다.

거리는 여행객으로 붐볐지만, 아시아인 여행객은 볼 수 없었다. 레스토랑 앞 길거리에는 야외탁자에서 음식을 즐기는 사람들을 흔히 볼 수 있다. 주로 스테이크나 스파게티, 감자요리를 먹고 있었다. 아무래도 쌀밥과 된장을 풀고 채소를 듬뿍 넣어 끓인 얼큰한 한식이 좋은 음식이라는 생각이 들었다.

아들은 "여기선 천천히, 천천히예요."를 강조한다. 한 박자 느리게 행동하면 되었다. 느긋한 모습들인 그들의 일상이 궁금하기도 했다. 대부분 일상에서 벗어나 자유로운 시간을 즐기러 나온 사람들인 듯했다. 그들은 주로 가족 중심의 시간을 보낸다고 한다. 가게는 대부분 오후 여섯 시면 문을 닫았다.

3. 하이델베르크에서

독일 하이델베르크에서 일박했다. 스트라스부르에서 버스를 타면 세 시간 정도 걸린다. 차창 밖으로 바라본 드넓은 녹색평야엔 드문드문 유럽 전통 가옥이 있는 평화로운 풍경이다. 노란 유채꽃이 피어있는 들판이 눈길을 끌었다. 나는 노랑꽃이 피어난 들판을 볼 때마다, 영화 〈닥터 지바고〉의 한 장면이 연상되곤 한다.

하이델베르크는 라인강의 지류인 네카어 강변에 있다. 독일에서 대학이 제일 먼저 생긴 대학 도시이다. 영화 〈황태자의 첫사랑〉의 배경지여서 널리 알려졌고, 괴테가 사랑한 도시이다. '하이델베르크 성'과 '하이델베르크 대학', '철학자의 길'이 가볼 만한 곳이다.

하이델베르크성에 가려면 하이델베르크 광장을 거쳐야 한다. 주말이어서 많은 시민이 광장에 있는 탁자에 앉아 음식을 즐기고 있다. 사람 사는 곳 또한 어디나 마찬가지란 생각이 들었다. 사람들이 붐비는 곳은 두렵기도 했다. 광장을 얼른 빠져나와 성으로 올라갔다.

독일인도 누구나 시선이 마주치면 "할로(안녕하세요)!"라고 인사했다. 길을 물었더니 친절하게 안내해

준다. 네카어 강을 따라 걸어서 올라가는 길은 울퉁불퉁했지만 고풍스럽다. 언덕길을 올라가니 웅장한 하이델베르크 성이 보인다.

하이델베르크 성은 독일 낭만주의를 대표하는 건축물로써 1225년에 축조된 하이델베르크를 대표하는 성이다. 또한, 성 입구에 있는 엘리자베스 문은 프리드리히 5세가 사랑하는 아내 엘리자베스를 위해 세운 문이라고 한다. 나는 벅찬 가슴을 진정하며 작은 문 안으로 들어갔다.

웅장한 성에 올라 시내를 바라보았다. 카를 테오도르 다리와 네카어 강 풍경이 아늑하고 평화로웠다. 내일 걷기로 한 '철학자의 길'도 보인다. 성은 중세 사람들이 숱한 전쟁을 이겨낸 고통의 세월이 묻어있는 위대한 예술작품이다.

라틴족인 프랑스인들은 아담하고 아기자기한 모습이고 게르만족인 독일인은 덩치도 크고 선이 굵다. 나는 이곳에선 어디를 가도 눈에 띌 것만 같다.

하이델베르크 성 정원에는 "여기서 나는 사랑을 하고 그리하여 사랑을 받으며 행복했노라."라는 괴테의 시가 새겨진 비석이 있다. 괴테는 이곳에서 빌레머 부인을 만나 사랑을 하게 되었고, 《서동 시집》을 냈다. 괴테가 다녔던 하이델베르크 성과 네카어 강가를 걸어보는 것만으로도 감회가 깊은 하루였다.

석양에 물드는 네카어 강의 테오도르 다리를 천천히 걸었다. 네카어 강에는 유람선이 다니고 하이델베르크 성위엔 둥근 달이 떠올라 선한 달빛을 보내왔다. 나도 달빛이 흐르는 강물에 젖어 고요한 풍경 속의 한사람이 되었다.

일요일 아침에는 교회 종소리가 은은히 들려왔다. 오랜만에 들어보는 종소리가 심금을 울린다. 하이델베르크대학으로 향했다. 거리엔 제주가 원산지인 왕벚꽃이 활짝 피어나 반기는 듯했다. 어떤 바람이 이곳에 꽃씨를 전했을까. 아시아인도 보인다. 이곳에도 동포들이 살고 있을 것만 같았다.

하이델베르크 대학은 독일에서 가장 오래된 대학으로 각국 학생들이 모여서 학문을 수양하는 세계적인 명문대학이다. 괴테, 헤세, 베버, 야스퍼스 등이 하이델베르크 대학에서 학생을 가르쳤다고 한다.

작은 도시 같은 교정은 일요일이라 조용했다. 이곳에도 라일락, 튤립, 민들레 등 봄꽃이 한창이었다.

카를 테오도어 다리를 건너서 구불구불한 골목길을 따라 언덕길을 올라갔다. 괴테, 헤겔, 야스퍼스 등 철학자들이 사색을 즐기면서 걸었다는 '철학자의 길'이다. 괴테가 《파우스트》를 쓰는데 영감을 주었다는 이곳의 풍경은 매력이 넘친다. 강가의 아름다운 풍경은 명상에 빠져들게 한다. 낙원처럼 느껴지는 이곳에서 무한한 우주를 호흡하였다.

마르틴 부버가 "모든 여행에는 자신도 모르는 비밀스러운 목적지가 있다."라고 말한 것처럼, 아들 덕분에 자연스럽게 이곳까지 올 수 있었다. 철학자의 길에서 더 머물고 싶었지만, 먼 길을 온 우리는 강변을 따라 걸어 나오면서 풍경을 마음에 담고 버스에 올랐다.

내 고향 제주의 올레길도 '철학자의 길'처럼 아름다운 길이라는 생각이 들었다. 제주는 자연 그대로 청정한 섬으로 오래오래 보존되었으면 하는 바람이 일었다. 나는 자연 그대로가 좋다.

4. 융프라우의 매혹

스트라스부르 역에서 인터라켄행 기차를 탔다. 기차를 기다리는 시간은 침묵의 시간이다. 다정한 소리를 내며 기차가 도착했다. 기차는 평일이라 한가했다. 기차를 타면 왠지 미지의 세계로 데려다 줄 것만 같은 착각에 빠진다. 칸칸이 낭만과 애환이 깃들여 있는 듯하다.

어느 시인의 시 〈기차〉에서 "그 어느 영원한 선로 밖에서/ 서로 포기하지 않으면/ 서로 사랑할 수 없다."는 시구가 생각난다. 선로를 따라 시간은 흐르고 바젤에 도착했다. 바젤에서 다른 기차로 갈아탄 우리는 베른과 툰을 지나 네 시간 만에 인터라켄에 도착하였다.

인터라켄은 아레 강을 따라 베른 고지에 있으며 동쪽으로 브리엔츠 호수와 서쪽으로는 툰 호수 사이에 있는 해발 568m의 평야에 있는 작은 도시이다. 융프라우를 찾아온 여행객이 많았다.

융프라우의 웅장한 설산이 가장 먼저 눈에 들어온

다. 만년 설산인 융프라우는 그냥 산이 아니라 성스러운 신으로 다가온다. 설산이 하얀 빛을 발하며 몸과 마음을 시원하게 씻겨주었다. 설산을 우러러보는 순간 청량한 달처럼 둥그런 마음이 되었다. 인터라켄은 어디를 가나 청정하고 멋진 풍광이 나를 사로잡았다.

아레 강변을 산책했다. 먼 산 위에는 패러글라이딩이 둥둥 떠다니는 한가한 풍경이다. 바닥이 환히 보일 정도로 청정한 강물은 툰 호수를 향해 빠르게 흘러간다. 공기도 맑고 물맛이 좋아 상큼했다.

인터라켄에서 그린발트역까지 기차를 타고 가면 융프라우를 가까이에서 볼 수 있다. 하지만 우리는 하더쿨룸(1,322m) 전망대에 올라가 알프스산맥의 융프라우를 감상하기로 했다.

케이블카인 휘니쿨러가 운행하는 모습이 보인다. 걸어서 두 시간 이상 걸리는 등산 코스인데 8분이면 전망대까지 올라갈 수 있다고 한다. 휘니쿨러가 다니는 길은 급경사여서 쳐다보기만 해도 아찔했다.

새소리를 들으며 천천히 올라갔다. 낯익은 토종

민들레와 제비꽃이 피어있어 반가웠다. 융프라우가 잘 보이는 곳곳마다 쉼터가 있었다. 쉬엄쉬엄 올라갔다. 높은 영산은 달랐다. 오르면서 설산을 바라볼 때마다 내 눈높이만큼 보였다.

드디어 정상에 올랐다. 전망대에서 바라본 알프스의 모습은 황홀했다. 설산은 밝은 기운을 무한정 내뿜고 있다. 청정한 기운을 듬뿍 마셨다. 무엇을 먹은 것보다 몇 배 이상으로 마음이 불렀다.

아래를 내려다보니 브리엔츠 호수와 툰호수가 보인다. 에메랄드빛이다. 설산이 녹아내려 아레 강물이 되고 그 강물이 모여든 호수여서일까 생명력이 넘친다. 저 호수의 청정한 물은 또 어디로 흘러갈까.

툰 호수에 갔다. 에메랄드빛 명경지수를 품은 툰 호수에 내 마음을 송두리째 헹구고 싶었다. 호수에서 노는 백조 한 마리가 다가와 말없이 나를 바라본다. 툰 호숫가에서 만난 짧은 인연이었지만 왠지 자꾸 생각난다.

융프라우 가까이 가본 아들은 “위대한 산은 멀리서

바라보아야 더 아름답다."고 하면서 하더쿨름 등산을 계획했다. 하더쿨름에 올라 융프라우를 감상한 산행은 탁월한 선택이었다.

가장 아름다운 모습을 볼 수 있는 상대방과의 적당한 거리는 얼마쯤일까? 생각하면서 하더쿨름을 내려왔다. 아름다운 삶을 살기 위해선 늘 상대방과의 거리 조절을 잘하는 지혜가 필요하다. 기찻길을 건너면서 평행선을 보았다.

5. 쉴티가임 마디 여사네 집

2017년 4월 15일. 프랑스 부부의 점심 초대를 받았다. 스트라스부르 근처에 있는 쉴티가임이라는 작은 마을에 사는 마디 여사네 집이다. 아들을 친자식처럼 아껴주는 고마운 부부이다. 남편은 자비에르 님이고 부인은 마디 여사이다. 자비에르 님은 스트라스부르에 있는 유럽의회에서 일하고, 마디 여사는 간호사였다. 자비에르 부부는 우리 부부가 스트라스부르에 가면 집에 초대하겠다는 전갈을 아들이 전해왔다. 나도 꼭 찾아뵙고 고마운 마음을 전하고 싶었다.

무슨 선물을 할까? 고민하다가, 인사동에서 우리나라 전통이 담긴 몇 개의 선물을 준비하고 간 터였다. 이십여 분 트램을 타고 집에 도착하자, 대문 앞까지 나와 포옹하며 온몸으로 반겨주셨다. 특별히 알자스 전통음식을 만들어놓고 기다리고 계셨다. 먼저 소파에 앉아 와인으로 건배하고 빵을 먹으며 인사를 나누었다. 다른 식탁으로 자리를 옮겨 앉아 손수 만든 알자스 전통음식인 백오프 오림과 샐러드와 커피, 후식으로 케이크를 먹었다. 프랑스 부부와 점심을 함께하면서 아들은 통역하느라 분주하고 우리는 눈빛, 마음 빛으로 대화를 나눈 다정다감한 시간이었다. 그 여운이 지금도 남아있다.

마디 여사는 대문 옆에 있는 연보랏빛 등나무꽃이 때마침 활짝 피어났다면서 더욱 반겼다. 중국에서 온 나무라고 소개했는데 찾아보니 등나무는 원산지가 한국이다. 정원에는 라일락, 튤립, 사과나무에도 꽃이 활짝 피어나 정취를 더했다.

알자스 전통가옥으로 백삼 년 전에 지은 집이라고 했다. 이곳에서 사십여 년 동안 살아왔다고 한다. 알자스 지방은 포도농장이 많아 포도주가 특산물이다. 그들의 식탁엔 포도주가 항상 준비되어 있다.

마디 여사의 큰아들은 중국인과 결혼하여 파리에서 살고, 작은아들은 벨기에서 사는데 벨기에 여인과 결혼할 예정이라고 한다. 딸은 파리항공사에 다니고 있다.

아이들이 성장하여 모두 떠나버리자 남은 방을 이용하여 홈스테이한다. 내 아들은 마디 여사네 집에 살던 미국인 친구한테 놀러 왔다가 인연이 되었다. 선한 자비에르 부부가 아들을 잘 보살펴주고 있어 무척이나 고마웠다.

점심을 끝낸 우리는 자비에르 님이 운전하는 차를 타고 알자스 지방이 한눈에 보이는 몽상또딜에 올랐다. 하늘로 솟아오른 나무 사이로 새소리를 들으며 천천히 올라갔다. 중턱엔 오딜이라는 맹인이 샘물로 세수하고 눈을 떴다는 기적의 샘물터가 있다. 사람들은 기적의 생수를 받으려고 물통을 들고 줄을 서서 기다리고 있다. 나도 샘물을 마시면서 소원을 빌었다. "여기까지 인도해준 손길에 감사와 경배를 드립니다. 우리 모두 사랑 안에서 살게 하시고 늘 좋은 인연을 만나게 해주세요."

정상에는 천주교 수도원이 있고 알자스 로렌 지방이 한눈에 내려다보였다. 알퐁스 도데의 단편 〈마지막 수업〉의 배경지인 알자스 지방을 체험한 시간이 꿈결같다. 수차례 전쟁을 겪은 그 당시 사람들이 흘린 눈물과 고통이 작품 속에 흐르고 있어 감동을 안겨준다. "작가는 작품으로 말을 해야 한다."는 말이 가슴에 와 닿는다.

몽상또딜에서 내려와 쉴트가임 마을에 있는 공원을 지나는데 천년이 넘은 은행나무 밑을 지나게 되었다. 자비에르 님은 하트 모양이 두 개인 은행잎 하나를 따서 나에게 선물한다. 나는 은행잎을 수첩에 넣어 고이 간직했다.

은행잎을 바라보면서 쉴트가임에 사는 자비에르 부부가 우리 가족에게 베풀어준 사랑을 생각하며 감사의 마음을 보낸다. 내년에 한국 여행을 오게 되면 우리 집에서 한국 음식을 함께 나누자고…….

무엇보다 언어소통이 문제였다. 자비에르 님은 "바벨탑"을 아느냐고 물었다. 나는 고개를 끄덕였다. 처음에는 세상 사람들이 한 가지 언어를 쓰고 있었다고 한다. 하늘나라가 궁금한 사람들이 탑을 쌓기 시작했다. 탑을 잘 쌓는 광경을 본 하느님은 언어가 같기 때문이라고 생각했다. 그래서 인간의 언어를 갈라놓으셨다고 하는 구약성서의 바벨탑 이야기이다. 만일 인간이 바벨탑을 쌓으려고 하지 않았다면 얼마나 좋았을까. 프랑스 부부와 언어소통 부재로 인한 답답함은 없었을 텐데……. 세상의 모든 언어

를 알아들을 수 있는 간단한 이어폰이 있으면 좋겠다는 생각이 들었다.

'뇌에 전자칩을 삽입하면 모든 언어를 듣고 이해할 수 있는 시대가 온다.'는 논문이 발표되었다는 반가운 소식이 들린다. 인이소통이 자유로운 시대가 온다면 세계는 빠르게 하나가 되리라. 혹자는 빛의 세계에서는 언어가 필요 없는 세상이 될지도 모른다고 예언한다. 마음의 빛으로 상대방의 마음을 읽어낼 수 있는 세상이 온다면 인간의 생활 모습은 어떻게 변할지 궁금하다.

자비에르 부부의 따뜻하고 넉넉한 마음에 큰 감동을 한 하루였다.

6. 프랑크푸르트에서

이제 돌아갈 날이 다가왔다. 기차표나 버스표는 아들이 인터넷으로 구매해서 편리했다. 프랑크푸르트 공항 근처에 있는 호텔을 예약하고 하루를 숙박하면서 프랑크푸르트 시내를 둘러보기로 했다. 내가 가보고 싶은 곳은 괴테 생가인 괴테 하우스와 뢰머 광장이다.

공항버스를 타고 호텔에 도착하여 짐을 맡겼다. 괴테 생가에 가기 위해 지하철을 타고 프랑크푸르트 시내에 있는 중앙역에서 내렸다. 세계 각국 사람들이 드나드는 중앙역은 왠지 음침한 기운이 느껴져 두렵고 스산했다. 빠른 걸음으로 괴테 하우스를 향했다. 괴테 생가는 시내 중심에 있었다.

괴테는 법학박사이며 황실 고문관인 아버지 요한 카스파르 괴테와 프랑크푸르트 시장의 딸인 어머니 엘리자베트 사이의 장남으로 프랑크푸르트의 부유한 가정에서 태어났다.

괴테 하우스는 '큰 사슴 구넝이'라는 이름의 거리인 그로서 히르쉬그라벤로에 있다. 괴테 하우스에 도착하니 오후 다섯 시가 넘었다. 관람 시간이 이십여분밖에 남지 않았지만 서둘러 입장하고 둘러보았다. 18세기 중산층의 아름다운 주택이었다. 괴테가 쓰던 오래된 가구들이며 책이 가득 꽂혀있는 책장, 괴테 사진과 가족사진들이 전시되어 있다. 유년시절의 모습을 짐작할 수 있었다. 그 당시 찬란했던 문화와 단란한 가족풍경이 생생히 남아있어서 둘러보기만 해도 좋았다.

근처에 있는 뢰머 광장으로 갔다. 프랑크푸르트 구시가지 중심에 있는 뢰머 광장은, 프랑크푸르트 여행의 중심이 되는 곳이다. 뢰머라는 말은 '로마인'이라는 뜻인데, 이 광장이 고대 로마인들이 정착했던 곳이었기 때문에 붙여진 이름이다. 광장 중앙에는 정의의 여신 유스티아의 동상이 있다. 여신상 오른손에는 검이, 왼손에는 저울이 들려 있다.

우리나라 대법원에도 정의의 여신상이 있다. 우리나라 정의의 여신상은 오른손에는 저울을 높이 들고, 왼손에는 올바른 판단의 근거가 되는 법전을 들고 있다. 옷은 한복을 입고 앉아 있다. 서양 정의의 여신상이 대부분 서 있고, 칼을 들고 있는 것과는 조금 다른 모습이다.

서양 정의의 여신이 오른손에 쥐고 있는 저울은 법의 형평성을 의미하고, 어느 한쪽으로 치우치지 않도록 공평하게 법을 적용해야 한다는 뜻이라고 한다. 정의의 여신상의 모습들은 조금씩 다르지만, 법을 통해 사회의 정의를 실현하고자 하는 뜻은 모두 비슷하다고 한다. 법 앞에는 누구나 평등한 사회가 되길 바랄 뿐이다.

뢰머타운홀은 로마 시대에 지어져 황제가 즉위식을 한 후 연회를 베풀던 곳이다. 2차 대전 때 파괴되었다가 복원되어 시청으로 사용하던 건물이라고 한다. 가운데 보이는 테라스에는 유명인사들이 올라가 연설을 했다.

현대에 들어 그곳에 올라가 본 사람이 몇 안 되는데 차범근과 차두리 부자가 올라가 화제가 되었다고 한다. 근처에 있는 레스토랑에서 저녁을 먹었다. 한국의 차범근 선수를 기억하고 있는지 주인아줌마는 친절한 미소를 지었다.

7. 여행 이야기

아들과 함께한 꿈결 같은 여행이었다. 이번 여행길에서 얻은 행운은 가는 곳마다 괴테의 발자취를 만난 것이다. 괴테가 다닌 학교, 괴테가 걸으면서 영감을 받아 작품을 썼다는 철학자의 길, 괴테 하우스에 가본 뜻깊은 시간이었다. 삶의 가치를 어디에 두느냐에 따라 삶의 질이 달라진다는 사실을 알았다.

괴테와 동시대의 영웅인 나폴레옹은 《젊은 베르테르의 슬픔》의 애독자였으며, 이집트 원정 중에도 이 책을 지니고 다니면서 읽었다고 한다. 동서고금을 막론하고 사랑은 어떤 형태로든 면면히 흐르고 있음을 알 수 있다. 괴테의 대표작인 《젊은 베르테르의 슬픔》은 작가의 연애경험을 바탕으로 불과 14주 만에 완성했다고 한다. 글은 영원히 늙지 않는다고 하던가. 작가가 작품을 탄생시키는 열정과 생명력이 존경스럽다.

위대한 작가 괴테를 다시 만나보려고 책장에서 잠자고 있는 《젊은 베르테르의 슬픔》을 펴본다. 유럽을 다녀와서 읽어보니 더욱 공감하게 되었다.

괴테가 남긴 《젊은 베르테르의 슬픔》과 《파우스트》 등 문학작품을 다시 읽어보면서 작가는 글 속에서 영원히 살아간다는 사실을 실감한다.

《파우스트》는 괴테가 1790년부터 1831년에 걸쳐 82세에 완성한 희곡으로, 독일 문학의 기둥이 된 작품이다. 신과 악마 사이의 쟁점이 한 인간을 통해 전개되어 가는 과정이 깊이 있게 묘사되어 있다.

"영원히 여성적인 것이 우리를 이끌고 올라간다."는 《파우스트》 마지막 구절을 통해 괴테에게 신은 사랑이고, 사랑은 또한 신이었음을 알 수 있다. 신적인 사랑을 많은 여성들을 통해 깊이 체험한 괴테의 사상을 알 수 있다. 괴테는 말년에 《법화경》을 읽고선 좀 더 일찍 알았더라면 철학이나 문학은 하지 않았을 것이라고 한다. "인간은 타인을 칭찬함으로써 자기가 낮아지는 것이 아니라, 자기를 상대방과 같은 위치에 놓는 것이 된다." 등등 많은 명언을 남겼다.

한때 유럽은 세계문화의 중심지였다. 내가 본 유럽은 풍요롭고 아름다우며 평화로워 보였다. 하지만 사회학자인 에드가 모랭이 말한 것처럼 유럽은 이젠 가엾은 늙은이로 변해 버린 것인가. 웅장한 문화유적, 광활한 평야, 장엄한 풍광이 눈길을 끌었지만, 조금은 침체한 기운이 느껴지기도 했다.

유럽인들은 한국을 몰라도 삼성이나 LG는 알고 있었다. 우리나라 대기업에서 만든 스마트폰, 텔레비전 등 가전제품이 그들과 생활하고 있었다. 호텔이나 프랑크푸르트 공항에도 한국 대기업의 텔레비전이 설치되어 있어 뿌듯한 눈길을 보냈다.

유럽에서 테러가 빈번히 일어나는 요즘 상황이 안타깝다. 인간의 몸속에 테러를 일으키는 악마의 유전자라도 숨어있는 것인가. 이슬람국가 조직의 테러가 언제 어디서 어떤 모습으로 일어날지 알 수 없는 상황이라, 조금은 긴장하면서 다녔던 여행길이었다.

프랑크푸르트 공항에서 아들과 작별인사를 나눈 남편과 나는 아들을 지구 반대편에 홀로 남겨 두고 한국행 비행기에 탑승하였다. 그래도 이젠 안심이 되었다. 아들이 유럽 환경에 잘 적응하고 있어서이다.

알자스 로렌 지방을 여행한 정유년 4월은 내 인생에서 가장 아름다운 봄날이다.

융프라우의 백조

인터라켄에서 바라본 융프라우 산은
흰옷 입은 산신령이 사는 성지 같았어요.
하얀 광채 나는 설산을 우러러보는 순간
청량한 달처럼 둥그런 마음이 되었습니다.

에메랄드빛 명경지수를 품은 툰 호수에
내 마음을 송두리째 헹구고 싶었어요.
호수에서 노는 이름 모를 백조 한 마리는

문수보살의 화신처럼 마음을 열게 했어요.

백조의 청정한 눈을 마음으로 보았습니다
먼 길 찾아간 나를 말없이 바라보는 백조
툰 호숫가에서 만난 짧은 인연이었지만
천상의 인연처럼 자꾸 생각납니다.

나의 별자리

앞마당에 나가 밤하늘을 올려다보며 별을 세어본다. 열 개쯤 보인다. 어릴 때 보았던 수많은 별은 모두 어디로 가버린 걸까? 아니면 지상의 꽃이나 사람으로 내려와 버린 걸까? 궁금해진다. 별을 우러르며 몽상을 해본다.

그러나 대기오염이나 환한 불빛이 있어 보이지 않을 뿐, 별은 그 자리에서 빛나고 있다. 나는 별을 좇는 아이처럼 밤하늘에서 나의 별자리를 찾아본다.

어릴 땐 고향 집 평상에 누워 밤하늘에서 반짝이는 별 바라보기를 좋아했다. 수많은 별 중에서 가장 빛나는 별 하나가 나의 별이라고 생각했다. 별 중에서 북두칠성, 삼태성을 유심히 바라보곤 하였다. 별 하나 나 하나, 별 둘 나 둘……. 세면시 놀고 있으면 갑자기 폭발하면서 떨어지는 별똥별이 명멸하는 광경이 신비로웠다. 별천지인 밤하늘은 아름다운 이야기로 가득할 것만 같았다.

은하수라 불리는 은하 안에 있는 별은 천억 개가 넘는다고 한다. 태양, 지구, 달, 화성, 금성…….

어느 시인의 〈별〉이란 글을 보면 "별은 왜 존재할까"라는 물음에, "과학자는 원자들의 핵융합이라고/ 목사는 거부할 수 없는 하느님의 증거라고/ 점성학자는 수레바퀴 같은 내 운명의 계시라고/ 시인은 별은 내 눈물이라고/ 신비주의자는 차라리 네 안에 있는 별에나 관심을 가지라고" 모두 다르게 대답한다.

어느 책을 읽다보니, 우리 몸속의 탄소와 산소는 별의 내부에서 처음 만들어졌다고 한다. 우리 몸속 혈액의 헤모글로빈 속에 있는 철분은 별의 내부에서 규소 핵 두 개가 만나면서 생긴 것이고, 우리의 치아를 이루는 칼슘은 산소와 규소의 핵융합을 통해 형성된 것이라고 한다. 아주 예전에 우리는 모두 별이었다고 한다.

별 모양을 오각별로 그리는 것도 우리 몸 중에서 머리, 두 팔과 다리의 꼭짓점을 연결한 모양, 즉 사람이 서서 두 팔과 두 다리를 벌리고 선 모양과 비슷하다. 어쩌면 사람도 은하수에서 먼 여행을 떠나온 별이 아닐까 하는 생각을 해본다.

나는 별자리가 늘 궁금했다. 서양 점성술에서 말하는 나의 별자리를 찾아보았다. 사수자리이다. 12개 별자리에는 그 사람이 타고난 기질과 미래까지도 가늠해볼 수 있다고 한다. 사수자리 여성의 특성은 보수적이면서도 이상주의자이고 철학자이며, 이상을 품은 탓에 현실감각을 잃을 수도 있다고 적혀 있었다. 하지만 우주의 비밀을 누가 밝혀낼 수 있겠는가. 생명은 흐르는 물과 같은 존재여서 정확히 알 수 없는 일이다.

사람의 몸에 나있는 점에도 뜻이 있다고 한다. 예

전에 공주 시내를 지나가는데 생면부지의 무속인 아줌마가 나에게 들려준 말이 생각난다. "학생의 몸에는 북두칠성 점이 있고, 목에는 삼태성 점도 있으니 칠성단에 공을 들여야 한다."라는 엉뚱한 말을 했다. 나는 그때는 무심코 지나쳤다.

현실에 충실하자. 주어진 일에 책임을 다하자. 이렇게 마음을 다독이며 세속에 묻혀 살다 보니 숨이 막힐 정도로 무척이나 아팠다. 약 처방이 없어 고치기 힘든 병인데도 좋은 인연을 만나면 단숨에 고칠 수 있다는 사실을 알았다.

어느 날, 내가 잃어버린 것이 무엇인지 찾아냈다. 그것은 바로 나의 별이었다. 어느 순간, 잠자던 내 안의 별이 반짝이기 시작했다. 별별 별이 빛나는 별밤이다.

어려운 환경에서도 유학을 보내준 부모님의 은혜를 생각하면 눈시울이 뜨거워진다. 내가 다닌 신성여고는 백여 년 전에 마르셀 라크루 신부가 설립한 사설 학교이다. 신부님이 교장 선생님이셨고, 수녀님도 교과서와 성경을 가르쳐주셨다. 샛별 뺏지를 소중히 여기며 가슴에 달고 다닌 여고시절이었다. 지금도 여고 동창생들을 만나면 순수한 마음이 된다. 그 시절에는 중앙 성당 옆에 학교가 있어 행사 때마다 미사에 참여하곤 했다. 하지만 불교 가정에서 자란 나는 쉽게 받아들일 수 없었다. 성경공부시간에 수녀님이 들려주는 이야기가 생소하기만 했다.

서양 문학 작품에 흐르는 그리스도 사상을 이해할 수 없었다. 나는 대학에 진학하면 성경공부를 꼭 해보겠다는 마음을 품었다. 대학생 선교회에서 성경공부를 하면서 교회를 다니기도 했다. 마침 사촌오빠들이 목사이고 장로여서 도움을 받을 수 있었다.

그러나 나는 부처님과 인연이 깊은 것인가. 불교 가정인 남편과 결혼하게 되었고, 다시 절에 다니게 되었다. 나는 어릴 때 절에서 놀면서 자랐기에 순응했다.

어느 해에 성대히 열린 보살계 수계 산림 법회에서 보살계를 받았다. 삼촌이신 수열 큰스님이 지어주신 법명은 대각화大覺華이다. 그때는 몰랐는데 이제야 깨달았다. 가는 길만 다를 뿐 진리는 오직 하나이다. 하지만 자신에게 맞는 인연이 있게 마련이다. 그 인연을 따라가면 행복한 길이 열리리라.

미로를 헤매면서 많은 아픔을 겪고 난 후에야 내 인생의 가을에 나의 별을 찾았다.

그것은 기도와 명상, 글쓰기를 하면서 가야하는 문학의 별이다. 나는 즐거운 마음으로 별을 품고 길을 나선다.

나는 아침마다 오체투지를 하면서 하심下心한다. 경전을 읽고 기도하면서 하루를 시작한다. "항상 기쁜 마음, 무심無心한 마음으로 살다 보면 영원한 행복의 길이 열린다."고 내 안의 별이 전해준다.

밤하늘을 올려다본다. 나의 별자리는 어디쯤에 있는지 더듬더듬 찾아본다. 북쪽 하늘에서 고요한 빛을 뿜어내고 있다.

소라 껍데기

텅 비었다. 소섬에 놀러 갔다가 보석처럼 여기며 주워온 소라껍질이다. 나는 글을 쓰기 시작하면서부터 낯선 곳에 갈 때마다 오늘은 어떤 인연이 다가와 내게 말을 걸고 가슴을 뛰게 할까? 하는 궁금증에 마음을 열고 기다린다. 내 촉수에 파동을 일으키며 나를 끌어당기는 무언가와 상봉하게 된다. 나는 시선을 주다가 스마트폰에 담아오기도 하고, 누군가의 양해를 구해 주워오기도 한다. 그를 벗 삼아 놀다

보면 글 한 편이 완성되는 기쁨을 안겨준다.

소라껍질 표면은 햇볕을 받아 황갈색을 띠고 있으며 두꺼운 돌기가 촘촘히 나 있다. 내면은 은백색으로 진주 광택이 난다. 코일처럼 감긴 선을 두 손으로 감싸 쥐고 힘을 주면 지압봉처럼 혈을 자극하면서 기분이 좋아진다.

소라껍질을 귓가에 대어보면 파도 소리가 들린다. 그 이유는 소라껍질이 자신의 내부구조와 고유하게 어울리는 소리에 공명하기 때문이라고 한다. 소라껍질을 응시하고 있으면 장꼭도 시인의 "내 귀는 소라껍질/ 바닷소리 그리워하네."라는 짧은 시가 생각난다. 바다가 그리울 때마다 이 시를 떠올리면 파도 소리가 들려오는 듯해 마음이 진정되곤 한다. 짭짤한 바다 향기가 좋아 나는 종종 바다로 향한다.

서른아홉 살 때부터 병명도 모르는 병에 걸려 몇 년간을 고생한 적이 있다. 특히 가족과 친정 부모님, 나를 아껴주던 친지들에게 걱정을 끼쳐드렸다. 밤마다 숨이 멎을 것처럼 온몸이 아팠다. 심장박동이 갑자기 빨라지기도 하고 걸을 수도 없어 기어 다녔다. 삶의 벼랑 끝에서 아슬아슬한 생명선을 기도하며 붙들고 있었다.

시어머니마저 돌아가시자 무력감에 힘들어하는 나를 본 큰딸이, "엄마, 그러지 말고 수필이나 써보세요." 한다. 그 한마디가 섬광처럼 뇌리를 스쳐 지나갔다. 나는 간신히 일어나 수필공부를 하면서 끈질기게 자신에게 질문을 던졌다. 어느 순간, "글을 쓰겠습니다." 순응했더니 신기하게도 두통이 사라지는 기적이 일어났다. 나를 붙들고 있던 검은 기운이 달아났고 머리가 맑아졌다. 걷지도 못하던 내가 놀랍게도 무엇이든 할 수 있었다. 나를 괴롭혔던 두통은 영적인 아픔이라는 걸 알았다.

누구든지 천부적인 재능을 부여받고 지구라는 아름다운 별에 태어난다. 나는 수필에 미치기 시작했다. 나만의 세계에서 몰입하는 시간이 황홀했다. 드문드문 떠올린 기억과 문장을 적어가기 시작했다.

어느 해 문학기행 중에 천리포 백사장에서 조약돌 하나가 내게로 다가왔다. 조약돌과의 해후는 내 인생의 전환점이 되었다. 나는 조약돌이 들려주는 이야기를 〈조약돌의 사상〉으로 전개해 나갔다. 내 마음에 쏙 드는 조약돌은 나를 재탄생시켰다.

내가 다시 태어나는 날, 주위 사람들이 더 야단법석이었다. 죽어가던 내가 살아났으니 그랬을 것이다. 철부지인 나는 구름 위를 둥둥 떠다니는 기분이었다.

나의 일거수일투족을 지켜보면서 인도해주는 누군가가 있음을 안다. 새로 찾아낸 길은 가도 가도 끝이 없는 좁은 길임을. 순간순간을 사랑하면서 가야 하는 길임을.

길을 가면서 폭풍우를 만나 거친 파도를 타기도 하고, 어떤 때는 실수로 인해 서로 아픔을 주고받은 적도 있었다. 하지만 일부러 그런 적은 없으며 최선을 다하려고 노력했을 뿐이다. 내가 먼저 남에게 해를 주려고 해본 적도 없으며, 천성적으로 마음이 여린 나는 혹시라도 남에게 누가 될까 봐 전전긍긍한다. 구구절절 말을 하지 않아도 진실은 통하리라.

소라껍질을 응시해본다. 소라는 거친 파도 소리를

들으며 깊은 바다에서 아마도 9년쯤은 묵언수행을 했음 직하다. 예술작품이다. 소라는 누군가에게 발탁되어 뭍으로 올라와 타인의 피로 해소에 도움을 주었을 테고, 껍질은 나에게 선택되어 꿈을 간직하게 되었으니 소라껍질, 너는 행운아이다.

모든 일에는 때가 있다. 살다 보면 가슴 뛰는 순간이 찾아온다. 알에서 깨어나려는 새처럼, 내가 품은 글도 세상 밖으로 나가려고 파닥거린다, 해와 달과 별, 꽃과 새, 돌과 바람……. 육십 평생 희로애락을 함께한 인연의 이야기를 조약돌에 실어 서해로 돌려보내려고 한다. 과거를 이젠 돌아보지 않기 위해서이다.

조약돌을 전송하고 나면 텅 빈 소라껍질 모습이 되리라. 나는 아침마다 책상 위에 있는 소라껍질을 두 손으로 감싸며 빛의 세계에서 품은 알을 넣을 궁리를 하리라. 튼실한 알이 가득 들어차면 나는 소라껍질을 다시 태평양으로 돌려보낼 것이다.

소라껍질은 파도 소리를 그리워한다.

용월이를 품은 돌

우리 집 마당가 단풍나무 밑엔
용월이를 품은 돌이 산다.
바람이 지나간 길과
빗물이 흘러내린 자국도 있고
콩란과 이끼도 붙어있어
낯선 문장을 새겨놓은 듯하다.

지난 오월,

장미꽃 모양의 잎사귀에
육년의 세월을 촘촘히 퇴적하여
돌꽃처럼 피워낸 별모양의 하얀 꽃들
밤사이 별들이 내려온 자취일까
우주의 주인이 보내온 편지일까

오늘 아침엔
아예 가부좌를 틀고 앉아
아침이슬을 법문처럼 쏟아놓더니
부처님처럼 긴긴 명상에 잠겨
온종일 바람과 햇살을 맞는다.

해맞이

현정희

정동진 백사장에서 해를 기다린다.
수평선 위로 아침 해가 솟아오르자
나는 빛으로 오는 당신을 영접한다.

뜨겁게 살라는 것인가.
고요한 바다처럼 살라는 것인가.

카메라에 담아온 장엄한 빛을
온종일 바라보며 합장한다.
"오-옴-"

현정희 수필집

조약돌의 사상

인쇄 2017년 10월 18일
발행 2017년 10월 28일

지은이 현정희
발행인 서정환
펴낸곳 수필과비평사
주소 서울시 종로구 삼일대로 32길 36(익선동 30-6 운현신화타워 빌딩) 305호
전화 (02) 3675-5633, (063) 275-4000 · 0484
팩스 (063) 274-3131
이메일 sina321@hanmail.net essay321@hanmail.net
출판등록 제300-2013-133호
인쇄 · 제본 신아출판사

ISBN 979-11-5933-124-4 03810

값 13,000원

이 도서의 국립중앙도서관 출판예정도서목록(CIP)은 서지정보유통지원시스템 홈페이지(http://seoji.nl.go.kr)와 국가자료공동목록시스템(http://www.nl.go.kr/kolisnet)에서 이용하실 수 있습니다.(CIP제어번호: CIP2017027918)

Printed in KOREA

이 책은 한국문화예술위원회 Jeju 제주특별자치도 JFAC 제주문화예술재단의 창작지원금을 받아 제작하였습니다.